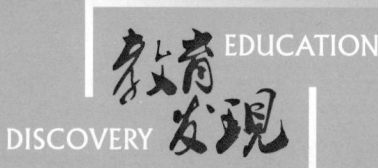

做新教师，从教育发现开始

教育发现

KEGAI YOUDAO

课改有道

田保华 著

山东文艺出版社

关于道德课堂建设的三个追问

(代序)

郑州市的基础教育课程改革,从 2001 年启动到 2010 年的十年间,在历经"启动探索、整体推进、重点突破"的持续不断的推进过程中,始终站在文化变革、文化重建的高度进行审视。课堂教学,从初期的无所适从,甚至盲从,一步步走向了成熟与理性;从关注课堂方向,到关注课堂道德、课堂生命,到关注课堂生态(课堂文化)的重建,一步步孕育形成了独具特色的新课堂——道德课堂,确立了新课程课堂教学改革的主题与目标,走上了教育生态文明之路。从 2010 年下半年开始,又进入了一个新的阶段——"道德课堂建设"的常态化的发展阶段。郑州市的课程改革,在实践中探索,在研究中前行,在反思中发展,走过的是一条问题持续解决、注重成果积累、不断生成提升的持续生长之路。构建道德课堂,提升生命质量。在郑州,以道德课堂理念主导的对课堂价值的思考与实践,就是对新课堂的呼唤。

社会生活离不开道德。课堂是生活,同样也离不开道德。课堂即生命,是教师和学生延续、发展生命的地方,若将善待学生生命落实到课堂之中,课堂定然是鲜活的,富于人性的;而道德缺失的课堂却很容易使教学转化为一种机械的、单调的知识传授和行为训练模式,很容易使学生产生枯燥、乏味、疲惫、厌烦、焦虑等感受。长此以往,必将扼杀师生鲜活的生命形式,恶化他们的生存状态。传统旧课堂教学中应试本位的教学观、知识本位的课堂观、分数本位的评价观，导致课堂教学误入了道德缺失、伪道德甚至反道德的歧途。因此，我们应该以新课程的理念，从道德自觉的高度，去重新审视我们的课堂，审视那些不道德的教育现象，努力加以改进和完善，使我们的教师在道德的环境中进行有道德的教学，努力使教学过程成为学生高尚的道德生活和丰富的人生体验，使学科知识增长的过程同时成为学生人格健全和发展的过程，使我们的课堂教学过程和结果都合乎道德的要求，让我们的课堂生活充满生命的活力。

新课堂、道德课堂

新课堂——道德课堂是源于过去的旧课堂教学中道德缺失、伪道德甚至是反道德的一种教育主张，它是基础教育课程改革的方向和要达到的目标与境界。

何谓道德课堂？道德课堂是以学生为主体，呈现尊重、关爱、民主、和谐学习生态的课堂，是能够很好地落实三维教学目标的课堂，是符合规律、遵循规律的课堂，是一种德性化、人性化、生命化的高品质的课堂形态，是教师和学生的共同家园。课堂上，让学生在获得知识技能的过程中，同时获得向上向善的情感体验和心灵感悟，促进学生的思维发展和精神成长，就是最大的课堂道德。它既不是"德育课堂"，也不是"道德进课堂"，更不是"道德说教式"的课堂。

道德课堂的提出有着深厚的理论依据：教育即道德，合乎道，至于德，以合乎道的途径，至于德之目标。所谓"道"即规律——教育教学规律，学生的认知和成长规律；所谓"德"即生态——德之目标，即围绕实现师生的共同成长，实现国家人才培养目标而建构的课堂生态。道德课堂的理念，与新课程的核心理念和《国家中长期教育改革和发展规划纲要（2010—2020年）》的工作方针一致——育人为本，以学生的发展为本；与新课程的三维教学目标一致——知识与技能、过程与方法、情感态度与价值观；与"教育"一词的内涵一致，《说文解字》中对"教育"一词有着精辟的解释："教，上所施下所效也，育，养子使作善也"，父母、成年人和老师做一个样子，让孩子跟着学，父母生养孩子，期望他学好、走"正路"，是天下父母的共同心愿，教育本身就包含着教人做人、使人为善、使人向上的意图和努力，而教育的道德标准正是教人做人、使人为善、使人向上；《道德经》中的"道"，即天道，指自然规律，"德"，即人德，指人的行为准则，人的行为准则符合自然规律、社会规律、人与人交往规律，才能称其为"美德"。从事于道者，同于道；从事于德者，同于德。

道德课堂要求教师必须具备八项基本的教学素养：一是回答好三个问题（你要把学生带到哪里、你怎样把学生带到那里、你如何确信已经把学生带到了那里），二是具备三种基本的教学能力（设计教学的能力、实施教学的能力、评价教学的能力），三是把握三个前提（把握学科思想、掌握学科知识体系、明确学科课程目标），四是做到三个读懂（读懂课标与学材、读懂学生、读懂课堂），五是完成六个转变（教师变学长、讲堂变学堂、教室变学室、教材变学材、教案变学案、教学目标变学习目标），六是明确课堂方向（避免课堂学习目标虚化、内容泛化、教师使命缺失、过程形式化），七是解读课程标准、分解课堂学习目标，八是营造道德课堂生态、重建课堂文化。

道德课堂要求教师要遵循道德课堂建设的十项行动策略：1. "唯学"，让教学"回家"，变"先教后学"为"先学后教"、"少教多学"。2. 编制导学案（学习卷、学习指导书、**学案**、调节教学案），为学生提供学习的线路图和导航仪。3. 实施小组合作学习，打造小组学习的动车组。4. 实施"独学、对学、群学"三种基本学习方式。5. 抓好"课前、课中、课后"课堂三段,构建大课堂。6. 建构具体的学习流程——"先学、展示、反馈"。7. 重视"先学"。8. 突出"展示"。9. 强调"反馈"。10. 制订课堂评价标准,即评课三看:看状态、看过程、看成果。

道德课堂建设的三个追问

在课堂上,每一次启迪生命的道德之旅,都要回答好三个问题:(1)你要把学生带到哪里?即确定什么样的学习目标,学什么,学到什么程度;(2)你怎样把学生带到那里?即采用什么样的学习策略,怎样优化学习过程;(3)你如何确信已经把学生带到了那里?即怎样进行学习效果的评价。

一、第一个追问:你要把学生带到哪里?

回答是:分解课程标准,明确学习目标。反对模糊的教学目标,向模糊、笼统的教学目标开战,这是基于标准的教学研究与实践迈出的第一步。

理想的课堂学习是一种有目标的学习。先有了"目的地",才选择去的方式,才有可能产生路程。要克服课堂教学中的"两张皮"现象:课程标准与教学"两张皮",学习目标与教学"两张皮",首要的就是细化解读课程标准,把课程标准具体化,这是学科课程建设的第一要务。把课程标准具体化,需要推进两项工作:

第一项是课程开发校本化,撰写课程纲要。站在学校培养目标的高度,以学科教研组为单位,综合校情、学情,将整个学段的课程目标分解为年级目标,再将年级目标分解为学期目标,进而分解为单元目标,使学段学习目标呈现层级性、连贯性、一致性,构建学科知能网络。同时,根据学科特点、学习规律及课程标准的要求,整合课程资源,适配实施策略、评价方案等,对国家课程进行再创造、再开发,撰写以校为本的学科课程纲要。

　　第二项是课程实施生本化，基于标准进行教学设计。站在学科教学目的的角度，学科教师综合任教班级学生的学习特点、教师教学经验、资源占有情况等，将课程纲要中的单元目标分解为课时目标，将学习目标作为学科知能网络中的核心点，点点贯通，点点落实课程标准。在布卢姆、加涅等的目标分类理论指导下，我们用"三分析原则"，分析学情，找到起点；分析课标，明确终点；分析学材，明确重点。引导教师用"呈验性分解技术"规范叙写学习目标，即：用外显的可观察的行为动词呈现认知心理动词，用具体可描述的知识名词呈现笼统的整体知识，用与行为动词相匹配的行为条件呈现教学策略，用先于教学活动设计的评价任务验收目标达成情况。

　　细化课标，上明白课；落实课标，上有效课。学习目标叙写，要明确、具体、可操作、可评价。为此，我们提出了学科建设的"五三二二"的基本要求：抓五项建设（课程建设、教师建设、教研组建设、学科教学模式建设、学科特色建设）、提高三种基本能力（设计教学的能力、实施教学的能力、评价教学的能力）、关注两个问题（关注校长、提高校长的课程领导力，关注学生、提高学生的学科学习能力）、做好两项基础工作（弄清楚学科建设的内涵、细化解读课程标准）。同时，还制订了《关于全面推进细化解读课程标准工作的指导意见》，要求各级教研部门、各个学校：一要认真学习，提高认识，明确细化解读课程标准的重要意义和作用；二要合作研究，资源共享，形成细化解读课程标准工作的整体效应；三要明确思路，规范程序，积极探索细化解读课程标准的方法和途径；四要明确责任，加强管理，确保细化解读课程标准工作有序有效。

　　二、第二个追问：你怎样把学生带到那里？

　　回答是：建构教学框架，教—学—评一致性教学。向教学设计要落实，这是基于标准的教学研究与实践迈出的第二步。

从学习机会上，学生都要经历新授课、习题课、单元复习课、期中（末）复习，甚至是毕业（升学）前复习等多次学习。那么，多次学习是同一能力水平的循环往复，还是基于学生原有认知基础的、螺旋上升式的学习进阶？答案显然是后者。课程标准具体化解决了学习进阶的问题，规划进阶路径，又成为新的工作重心。按建构主义的说法，规划进阶路径，就是为学生搭建学习的"脚手架"，搭建的原则即"目标—教学—评价的一致性"。目标是什么，教学就应该选择相应的策略加以促进，课堂评价也应与之配套。如果教学不能与评价适配，即便教师的教学本领再高超也无法显示其业绩；如果评价与目标不相干，评估的结果也无法反映目标的要求，"教—学—评一致性"一直被认为是教学设计的奥秘所在。为此，我们引领教师建构教学框架主要做好两项工作：

第一是逆向教学设计。逆向教学设计是美国课程与教学专家在反思传统教学设计之不足的基础上而提出的一种新的教学设计模式，即从"想要的结果"这个教学终点开始，根据标准所要求的学习证据和用以协助学生学习的教学活动形成教学。教学设计始终围绕学习结果展开：学生"应知"、"应会"什么？怎么知道学生"已知"、"已会"？用什么策略能够促使学生"学会"、"掌握"？教学目的、手段指向表征问题、解决问题等高级能力的培养，把实现学生成长与进步的教学效益作为最高价值追求。

第二是注重课堂评价。日本教育实践家东进义雄说：儿童是出错的天才。在他看来，儿童是根据一套法则出错的，把这些错误类型化、本质化，让学生研究、发现、修正，是形成性评价的根本特征，也是素质教育的内涵所在。它着眼人格的整体性、教学内容的层级性及教学过程的连贯性，关注"我们正在做得如何"，而不是"我们已经做得如何"，**打破了机械、固化**、具有高利害风险的终结性评价垄断课堂教学的局面。**我们先是在**"评价即教学"的层面上进行实践，把课堂评价镶嵌在教学环节之中,运用课堂评价促进调节课堂教学;继而在实践中发现"评价即学习"的本质,利用师生共定评价规则开展探究性学习,将基于标准的教学提升到素质教育的高度。

第三是突出作业建设。学生的学业负担主要是作业负担,它是教师不完全理解教学本质及学生学习的结果,也是教师不完全领会学科教学思想及教育哲学的结果,基于标准的"教—学—评一致性"教学,在提高教学有效性的同时,着重解决的就是作业质量问题。我们出台了《关于加强作业建设的指导意见》,要求并引导教师在作业设置上强调目标一致性、学习针对性、内容层级性、能力迁移性和整体连贯性,以作业建设为突破口切实减轻学生的作业负担,促使教师由职业自觉走向专业自觉。

三、第三个追问:你如何确信已经把学生带到了那里?

回答是:课堂观察,开展基于标准的教学研究。向评价要证据,这是基于标准的教学研究与实践迈出的第三步。

俄罗斯教育学家有一个形象比喻:总结和不断完善制作煤油灯的先进经验,是根本不可能导致电灯的出现的。单纯的经验积累不代表专业成长,专业成长必须借助于理性而科学的教学研究。与基于标准的教学实施同步,遵照"在哪里用,就在哪里学"的情境学习理论,我们主要开展两项基于标准的教学研究:

第一是"指向问题解决"的教学研究。课堂教学充满变数,课堂教学问题以大致类似而个案特色鲜明的形式层出不穷,许多问题会以本质趋同的方式呈现在不同课堂情境之中,问题的根源及解决问题的方案伴随问题的集中而凸显、清晰。因此,我们主张用原点思维方法,在海量、琐碎的课堂教学问题中找到真实性、本源性问题,运用案例分析、现象**诠释**等研究**方法**,**追踪**问题形成路径,找到问题根源,**提出**可行性解决**方案**。"指向问题解决"的教学研究主要有两类:一是基于标准的教学设计研究，如音乐学科对教学目标的研究，物理、英语学科对导学案编写的研究，语文学科对"教—学—评一致性"的研究。二是基于标准的评价研究，如生物学科对学业质量标准构建的研究，化学学科对作业设计的研究，地理学科对试题设计的研究。

第二是"课程策略逆推"教学研究。在教师教学、学生学习、课程性质、人文环境四个课堂教学维度中拈出"课程性质"一维，采用由结果到过程逆推的方式进行课堂观察，即以"学生学得如何"为逻辑起点，反推学习活动安排、方法选择、资源配置、内容定位、评价设计、目标设置等各种课程因素的适配性、合理性、科学性，实证"教—学—评一致性"的内在法则。在教师亲睹、亲历、亲为的教学现场，采取"用事实说话"的研究方式，在"教什么"、"怎么教"、"教到什么程度"等教学事件背后，挖掘"为什么教"的教学理性与教学哲学，锤炼教师在复杂的教学情境中选择、判断、组织、实施课程的能力。杜绝"假如我来教我会怎么做"的评议传统，而以"我看到了什么"、"我平时是怎么做的"、"我悟到了什么"为主要言说方式进行实践自省，同问题情境对话，同教学实际对话，同教学观念对话，同专业理据对话，寻求繁复的教学事件背后沉淀着的固化思想与教学逻辑，发现制约自我专业发展的症结，并在智慧共享的研讨中自行找到解决、弥补的办法，从而培育教师的专业自觉性和自律性。

为有效地推进道德课堂建设，我们出台了一系列指导性文件，通过道德课堂的课题研究、新课程课堂教学达标评优、新课堂博览会、课堂诊断交流、道德课堂有效形态评估认定、道德课堂评价标准的自下而上的研究与制订等一系列措施，来保障道德课堂建设的有效推进。

2011年11月，教育部人文社会科学重点研究基地华东师范大学课程与教学研究所在上海举办了"课堂评价国际研讨会"，来自美国、德国、法国、日本、韩国等10余位国际著名教育专家，200多位国内专家学者参加了这次会议。我市在会议上就"基于标准的教学"实践研究做主题报告,得到与会专家的好评,并引起了国内同行的广泛关注。

总的来说,推进道德课堂建设,就是要让教师在道德的环境中进行有道德的教学,使教学过程成为学生高尚的道德生活和丰富的人生体验,让学科知识增长的过程,成为学生人格健全和发展的过程,使课堂教学过程和结果既合乎道德的要求,体现道德的关怀,又洋溢道德的光辉,孕育道德的心灵!让课堂生活充满生命的活力!

(本文刊于《课程·教材·教法》2014年第1期)

目　录

关于道德课堂建设的三个追问（代序）　/ 1

第一章　课改是一种信仰

课改是一种信仰 / 3

新的一年，我们期待什么 / 7

浅说教育改革"深水区" / 10

还原"听取蛙声一片"的生态之美 / 13

"集体致富"：郑州在行动 / 16

我们需要这样的课改书记 / 19

做有灵魂的教育 / 23

办有灵魂的学校 / 27

做有灵魂的教师 / 31

育有灵魂的学生 / 35

推进有"灵魂"的教学 / 39

走出一条共同发展的专业成长之路 / 43

追求有道德的教育，静听学生生长的声音 / 46

第二章　课程提升之道

改善学习生态，提升生活质量/ 57

使人为善，使人向上，是教育的道德目的/ 60

养心，是教育的本质所在/ 64

课改的高端之为，在"课程"二字上做文章/ 68

课堂，究竟该是谁的/ 71

先学，是一条教学规律/ 74

小组合作学习，是学生社会性发展的需要/ 78

课堂展示重在效果/ 82

课堂反馈引领学生成长/ 85

让班级学习细胞跳动起来/ 89

学科德育不是渗透/ 93

阅读，是"心"的工程/ 96

必须认真研究的学生阅读/ 99

遏制住"国际班"的"去中国化"/ 102

提高质量分析的质量/ 104

家长会，是一门课程/ 107

第三章　教师成长之道

新教师应该是有道德的教师/ 113

教师即课程/ 116

师道尊严，重在"师道"/ 120

培训，还教师学习的主权/ 123

学科思想是学科教学的灵魂 / 127

教学基本功:从细化解读课程标准开始 / 130

教学基本功:编制基于标准的学科课程纲要 / 133

教学基本功:编制基于学生学习的导学案 / 137

教学基本功:基于学生发展的作业建设 / 141

教师文化:从惰性走向积极 / 145

教师文化:从强势走向民主 / 149

教师文化:从竞争走向合作 / 153

校本教研,既"会"又"诊"才会有效 / 156

小课题研究促教师专业成长 / 159

把"小题"做成"大作" / 162

博客,是一种力量 / 165

第四章　均衡发展之道

各国区域教育均衡探索管窥 / 173

培育和谐生长的区域教育生态 / 176

做一个很"给力"的局长 / 180

教师均衡,区域教育均衡发展的必经之路 / 183

班级均衡,区域教育均衡发展的必然选择 / 186

课堂均衡,区域教育均衡发展的必然追求 / 189

新技术重建新区域文化 / 192

后　记 / 197

第一章
课改是一种信仰

信仰，顾名思义就是因为信奉而敬仰。教育是一种信仰，课程改革当然也应该是一种信仰。只要我们承担起自己的那份责任，回归人性，关爱生命，关爱学生，关爱自己，在新型的师生关系、同伴关系的氛围中，使自己的专业生活质量和专业化水平不断提升，就会体验到课改的幸福与快乐，从而高质量地享受自己的教育人生！

课改是一种信仰

"**人**总要相信些什么,才不会度日时,跌入未知的黑洞里。"瑞典诗人托马斯·特朗斯特罗姆的这句诗,描绘出信仰对人的作用。

信仰,顾名思义就是因为信奉而敬仰。信仰,是指人们对某种理论、学说、主义的信服和尊崇,并把它奉为自己的行为准则和活动指南。信仰,是一个人做什么和不做什么的根本准则和态度。

教育是一种信仰,课程改革当然也应该是一种信仰。十多年来,我从来没有怀疑过课程改革方向的正确性,也从来没有怀疑过课程改革对于我们的学生、对于我们的民族的意义和价值。但现实中我们的一些领导、一些教师的认识还不到位,行为不到位,还没有体验到课程改革带来的幸福与快乐,课程改革还没有成为自己的信仰,因此,教育教学中还存在着那么多亟待解决的问题!

作为教育人,我们应该信仰课改!

课程改革是对人性的回归。有一位专家说过,我们的基础教育存在的最大问题是"没有把学生当成人,没有把孩子当孩子。课程改革的任务就是要改善孩子对学习的体验和感受"。因而,我们的教育呼唤人性的回归。传统的旧课堂,由于"应试本位"的教学观、"知识本位"的课堂观、"分数本位"的评价观,使我们的教学误入道德缺失、"违道德",甚至是"反道德"的歧途，高碳、高消耗、低效、无效甚至负效，师生苦、师生累，扼杀了师生鲜活的生命形式，恶化了师生的生存状态。这对学生、对教师都是不人性的、不道德的。课程改革就是要回归人性，让教学"回家"，回归本质，回归规律，回归学生，回归学习；改善教师的教学生态，改善学生的学习生态，提升师生的生命质量；让学生在课堂上不瞌睡、不厌学、不逃学，让学生走出校门之后不恨同学、不恨老师、不恨学校；让教师把课堂还给学生，还学生学习的主体地位，还学生学习的主权；让教师把教学变非理性教学为理性教学，把教学变体力劳动为智力劳动、智慧劳动；让学生在身心愉悦、人格健康、精神自由、生命自主的学习过程中，体验到学习的愉快和幸福，获得学业进步和身心全面发展；课堂上，让学生在获得知识、能力的过程中，同时获得"向善向上"的情感体验和心灵感悟，促进学生的思维发展和精神成长；让课堂成为师生共同的家园。这就是道德，就是人性，就是规律，就是"回家"。

课程改革促进传统的"旧教师"向"新教师"的蜕变。我认为，我们一些教师的职业倦怠、职业疲惫，甚至职业痛苦，主要来自于过去传统的强势的、惰性的和竞争的教师文化。新课程的推进和社会公众对教育关注程度的提高，不仅要求变革传统的教师文化，而且为教师文化的转型提供了契机。

新型的教师文化应该是民主的、积极的和合作的。民主化教学是道德课堂教学最好的落脚点。唯有民主，才有生动活泼，才有个性解放；唯有民主化教学，才能唤醒"沉睡的巨人大脑"，发挥人的最大潜能，才能建构师生和谐的学习共同体，达到共享知识、共享智慧、共享人生的价值和意义。在我看来，一位积极向上的教师一定是有着强烈自我发展需要，并且将个人的发展与学生的发展联系起来，张扬自我，有着鲜明的教育个性。只要在位，他就不会怠慢工作，疏于自我发展，"惰性"将永远与他无缘！合作，是教师文化发展的方向。合作、对话、交流理应成为教师专业生活中必不可少的方面。开放性的对话和交流会使教师的思想得到启迪，教学行为得以改善，同伴的思想和良好建议会成为教师专业发展的重要资源。民主、积极、合作，是"新教师"必须具备的基本素养和价值观，也是区别于传统"旧教师"的重要标志！

新型教师文化的建立，必将促进传统"旧教师"向"新教师"的蜕变，也必将带来教师专业生活状态的改变，进而提升教师专业发展水平和日常教学生活质量。那种职业倦怠、疲惫，甚至职业痛苦的体验和感受，就会离教师越来越远。

课程改革促使教师更专业化。我有一个很多人不同意的观点：有的教师做了一辈子的教师，却不会"教"！每天重复的只是一种了无生趣的教学模式，自己没精打采，学生如坐针毡；自己身心疲惫，教学质量却平平淡淡——他把智力劳动变成了体力劳动。这就是典型的专业人士不专业！新课改的有效实施，在于国家课程的校本化、生本化开发。这就需要教师在把握学科思想、掌握学科知识体系的前提下，通过细化解读课程标准和学材（教材），一定要生成一个学科"课程纲要"和一个"作业建设规划设计"，并在此基础上，为学生编制每一节课的"导学案"。这是任何一位学科教师必须认真修好的"功课"，是教师"专业"还是"不专业"，是教师"会"教还是"不会"教、是"新教师"还是"旧教师"的本质区别。这也正是推进道德课堂建设，要求教师必须具备的基本教学素养之一。

编制质量高并被有效使用的课程纲要，能够规范教师的教，指导学生的学，有助于师生关系的和谐，是"低碳高效"、减轻不必要的学习负担、提高教与学质量的重要保证。站在学科课程建设的高度，基于学生的发展，对学科作业进行整体思考、规划和设计，建立与学科课程纲要相配套的课内外联系、校内外沟通、学科间融合的学科作业体系，让作业成为学生发展的有效途径，才算是理性作业。高质量地编制和使用"导学案"，把"教材"变"学材"，为学生提供课堂学习的抓手，有效地指导学生的"先学"，提高学生自主学习、探究性学习、创新性学习的能力，是教师专业化水平的重要标志！

人与动物的根本区别，就在于除了物质需求之外还有精神需求。而信仰，就是精神需求的重要组成部分。

教育人，应该追求属于自己的那份幸福！只要我们承担起自己的那份责任，回归人性，关爱生命，关爱学生，关爱自己，在新型的师生关系、同伴关系的氛围中，使自己的专业生活质量和专业化水平不断提升，就会体验到课改的幸福与快乐，从而高质量地享受自己的教育人生！课程改革就会成为自己的信仰！信仰，似灯塔，引领着我们的灵魂，为了一个既定方向不懈追求！这就是道，更是师道；这就是"人德"，更是师德！

愿课改尽快成为更多教育人的信仰！

新的一年，我们期待什么

与前几年相比，当今中国依然处于转型期。中国的文化、教育、科技"软实力"，依旧还是"软"。伴随着中国经济地位与国际地位的不断上升，提升"软实力"的任务，突出而紧迫。但是，我们欣喜地看到，中国"软实力"崛起呈现破题之势。困扰中国多年甚至半个世纪的一些问题，开始有了标志性突破。一系列教育新政共同构成了中国教育改革之年的基本底色。

那么，新的一年我们期待什么？

第一，我们期待更多的校长找到学校的"灵魂"。教育就是点燃火焰、呼唤心灵、塑造灵魂。教育本身就是一种文化的传承，推进改革就是为了更好地实现文化的传承。学校文化是学校持续发展的动力源泉，课程文化是学校文化的核心，是一所学校办学特色和个性发展的集中体现。明确课程思想，加强课程建设，构筑课程文化，彰显办学特色，应该是每一位中小学校长办学的基本思路和工作目标，更应该是每一位中小学校长毕生的办学追求。

所以，站在文化变革、文化重构的高度来审视学校的一切教育活动，应该是作为基础教育课程改革的实践者、引领者的中小学校长所必须具备的基本素质。如果我们的每一个校长，都找到了自己的"灵魂"，不管是校长自己，还是教师和学生，每天都在体悟文化的所在，感受文化的力量，让文化浸润每一位教师和学生的心灵，那么，定能"给力"学校的发展，引领学校的发展，定能形成区域文化，"给力"区域教育发展，引领区域教育的健康发展。

第二，我们期待教育"生产方式"的持续转变。区域教育均衡发展，注定要走的是"内涵式"发展之路。这就要求学校转变发展方式，走科学发展之路，由注重物质条件改善、外在形象建设的"外延式"发展方式，转变为注重内在文化建设和质量水平提高的"内涵式"发展方式。班级是学生在学校学习和生活的主要形式，当教育均衡发展推进到每个班级、每个课堂，落实到每个学生身上时，我们才认为是进入了内涵发展、品质提升和本质展现阶段。推进校内均衡和班级均衡，主要就是课堂教学的公平和课堂教学质量的均衡提升。

因此，我们认为课堂均衡则学校均衡，学校均衡则区域教育均衡。学校的产品是课堂，是课堂生态。我们应该通过课堂教学质量的提升来拉动教育的内涵式发展，以课堂教学改革促进教育质量的整体提升，从根本上实施区域内每一所学校"集体致富"的真正均衡。这就要求我们的教师把课堂还给学生，保障学生的学习权，促进学生的学习方式转变，从而促进学生的成长方式的转变。我们的课堂应该"合乎道，至于德"。我们的教师应该秉承道德的准则，使用"合道德"的方式，在充满尊重、关怀、民主、和谐的环境中，在身心愉悦、人格健康、精神自由、生命自主的学习过程中，使学生体验到学习的愉快和幸福，获得学业进步和身心全面发展。

第三，我们期待教育信息化更好地为学生的成长服务。随着教育信息化步伐的持续加快，教师应用信息技术水平的不断提高，教学观念的持续更新，教学效果的持续提升，学生利用信息手段主动学习、自主学习的能力将会不断增强，运用信息技术分析解决问题的能力也会不断增强。教育技术手段的现代化水平的提高，将会促进教育生产方式的持续转变。适合学生和教师健康成长的教育生态文明程度也将得以提升，教育科学发展之路也将越走越扎实。

第四，我们期待更多新政"给力"区域教育发展。2011年，国务院以空前力度推出的学前教育新政，可望使我们的儿童开始受益，"把学前教育这项重要的民生工程办实办好"的有效落实，将会进一步夯实基础教育的基础；普通高中的差异化发展之势，会促使我们的校长静下心来，认真思考学校的发展方向和发展模式，探索适合自己的发展之路；校长职级制的探索和初步实施，会促进我们的校长向教育家办学的方向迈步；学区制、城乡一校制的扎实有效地推进，将继续助推区域教育均衡发展和内涵提升。

还有，适合学生成长、教师成长、校长成长、学校发展的多元评价机制的探索与实践，服务意识的觉醒和服务保障机制思考与设计，课程改革规划设计的着手完善，区域教育实验项目的推进实施对区域教育的带动，等等，都会给我们的区域教育带来更多的期待……

浅说教育改革"深水区"

教育改革进入"深水区",这是一种形象化的说法。在教育改革推进到一定程度时,需要解决一些深层矛盾和疑难杂症,突破一些"瓶颈",才能进一步深化改革,推进改革向纵深发展。这应是"深水区"之说要表达的原意!

有人说,教育改革最终发生在课堂上,从某种程度上说,课堂是教育改革成败的关键所在。课改,改到深处是课堂。基础教育课程改革推进到今天,的确到了一个节点,应该回过头来再思考思考课改的初衷:我们为什么要改?到底怎么改?教育的宗旨是什么?用什么样的方式来达到我们的目的?

简单来说,教育改革就是改变人才培养方式,适应人才强国的战略需要,走"内涵式"发展的路子。那就必须"回归":回归教育的本真,还原教育的原生态,走遵守常识、遵循规律的路子。科学发展,以人为本,遵循规律,还学生主体地位,既是教育规划纲要提出的教育工作的根本要求,又是新课程改革的初衷。

课程改革要走过"深水区",需要解决四个方面的问题。

第一是"还"学生"学习权"的问题。根据联合国教科文组织的解释,所谓学习权,是指每个人天生就有的"阅读、写作的权利,提问、思考的权利,读懂自身世界和书写自己历史的权利,分享教育资源的权利，发展每一个人的智慧以及所在集体的智慧的权利"。保障学生的学习权，是基础教育课程改革的基本价值取向。无论是学生实践能力的提升，还是创新意识的培养，都取决于学生的学习方式和成长方式的转变。学生学习方式和成长方式的转变，取决于教师教学方式的转变。课程改革十年了，有的教师角色还没有转变，还弄不清楚学习的主人到底是谁，还在用违反规律、违反道德的方式，企望达到"育德"、"育智"之目的。实在是"南辕北辙"！

第二是新的评价机制的建立问题。用老观念来评价新课改，是最令人扼腕的事情！要一个"高等"、"废物"，还是要一个无害于社会的实实在在的"人"，多少个家庭取舍不清，多少个教师取舍不清，多少个校长取舍不清，实在是令人痛心！要提升新课程的实施品质，就要建立新的促进学生成长、教师发展、校长成长、学校发展的评价体系和评价机制。尤其是对校长的评价，要把"课程领导力"的评价作为校长能力评价的核心指标。高校的人才选拔方式的转变，对基础教育阶段学校的人才培养方式的转变有着决定性影响。"985"高校不参加全国统一招生考试，把招生名额分配到全国各个普通高中学校，再改变一下选拔标准，有可能既有利于高校的发展，又会促进和加快基础教育阶段学校人才培养方式的转变。

第三是新的服务机制的建立问题。管理就是服务的理念，在一些地方、一些学校，至今还没有完全确立下来。部门之间，"占地为王"、视权利为生命、以服务对象为"敌"的观念，还根深蒂固！它还在阻碍着改革，阻碍着发展。郑州市第102中学把教务处改为"学堂评价指导中心"，把教研室改为"学师发展指导中心"，把政教处、团委合并改为"学生发展指导中心"，把校医室、心理咨询室合并改为"师生健康服务中心"，是非常有意义的举措，很值得借鉴。它不仅仅是名称问题，而且是理念问题，更是角色问题、师道问题。社会各部门能不能为孩子、为教育服务好，教育行政部门能不能为学生、为学校服务好，校长能不能为学生、为教师服务好，是真为了孩子还是假为了孩子、真为了学生还是假为了学生、真改革还是假改革的试金石！是改革的目标能不能实现的一个关键问题！

第四是规划设计的完善问题。在规划设计层面，根据十年的改革实践，在反思中完善整个课程改革体系。比如《基础教育课程改革纲要》还是"试行"；学科《课程标准》表述不够具体，只有内容标准，没有评价标准；学科课程的知识容量过大、难度过深等等，都需要修订、完善。

十年了，的确是一个节点。回过头来，看看走过的路，在反思中前行，这本身就是常识，就是规律。"还"学生的"学习权"，建立与改革目标相一致的评价标准、体系和机制，为改革提供保障和服务，完善规划设计，这也是常识，也是规律。解决这些问题，更是常识，更是规律。因此，回归常识，遵守常识，回归到符合规律的路上，遵循规律，课程改革才能走过"深水区"，走好教育科学发展之路！

还原"听取蛙声一片"的生态之美

党的十七大提出,要加强生态文明建设。生态,包括自然生态和社会生态;教育生态,理所当然属于社会生态。所谓教育生态,就是学生、教师的生存状态以及学生之间、师生之间、教师同伴之间、班级之间、校际之间、学校与家庭之间、学校与社会之间等等的关系状态。教育生态的文明程度,在一定意义上决定着社会生态的文明程度。

当下,我们的教育生态怎么样呢?可以说,我们的教育生态遭到了严重破坏。校园里,经常看到这样的场面:当学校宣布放假的时候,当教师宣布不写作业的时候,学生们顿时欢呼雀跃,欣喜若狂,那情景似乎是得到了一次解放,摆脱了一次束缚。下课"铃",如同"特赦令"。学生怎么会这样呢?我们的高中学生毕业离校的时候,把课本、辅导资料、作业本统统撕掉,从教学楼上往空中抛撒,纸片像雪片一样飘飘洒洒。这时候,我们做何感想?9岁的孩子"想退休"、想去"只有快乐、没有烦恼"的地方、"不想再被打屁股、想尝尝死的滋味",甚至"揭竿而起"弑父、弑母、弑师。我们的教育到底怎么了?"生病"了,而且还"病"得不轻,"通体不适,运行不良",需要治疗。难怪山东省教育厅张志勇副厅长不无忧虑地说,"我们现在的孩子很难控制自己,一有风吹草动都有可能酿成大祸。如果应试教育的局面不改变,十年二十年之后就有可能是犯罪的高发期。我想提醒各位，要深刻地认识应试教育对这个国家和民族、对每一个孩子带来的灾难。"因此，我们说，教育生态将直接影响中国的未来发展，这是必须直面的。

教育的本质是什么？我们教育培养孩子是为了什么？应该如何去培养教育我们的孩子？应该为我们的孩子提供什么样的教育服务？"营造"一种什么样的教育生态环境？这是我们这些长辈们不能不认真思考的问题。教育是让人走向成熟、不断成长的过程，是让人不断追求美的过程，是让人享受幸福的过程。我们的教育应当为孩子们的学习创造愉悦、幸福的环境，注入快乐、梦想的元素，保持率真、自然的天性，不断地提高孩子们学习和生活的幸福感。苏霍姆林斯基说：我认为教育的理想就在于使所有的儿童都成为幸福的人，使他们的心灵由于劳动的幸福而充满快乐。对于孩子而言，学习的过程也应当是快乐幸福的，是应该用来享受的。可是，大人们把各种兴趣爱好、把自认为完美的人生模式强加在孩子身上，将本属于他们一生中最多彩的梦想、最率真的天性和最简单的快乐，击碎了，淹没了，偷走了，剥夺了，他们的学习哪还有幸福可言？

还原教育的原生态，捍卫孩子的天性，捍卫孩子的尊严，还孩子享受幸福的权利，提升每一个孩子的学校生活品质，既是我们的责任，又是我们的使命。承担起这种责任，完成好这一使命，就要"尊重规律"，这是一般常识。《道德经》中的"道"，即天道，即自然规律；阐述的是合乎自然规律，人类才能健康地生存下去。"德"，即人德，即人的行为准则；还是要求人类顺其自然地与人共处，合乎规律地生存。我们所从事的工作是规律性很强的工作，当然应该合乎规律，尊重规律。然而，在一些地方、一些学校教育中，尊重规律、遵守常识往往被看作异端，违背规律、违背常识反而理直气壮。这是违背道德的，因而是不文明的。合乎规律、尊重规律，才是道德的；道德的，才是文明的。道德课堂倡导：合乎道，至于德；以合乎道的途径，至于德之目标。所谓"道"，即规律：教育教学规律、学生的认知规律和成长规律；所谓"德"，即生态：围绕实现师生共同发展，实现国家人才培养目标而建构的课堂生态。

推进道德课堂建设，就是要还原课堂的原生态，重构高品质的课堂生活，还学生享受高品质学习生活的权利。构建道德课堂，不仅仅是营造适宜的课堂生态环境，使学生在宽松、舒适、民主的课堂生活环境中学习，更在于改善课堂中的人际关系，尤其是师生关系。民主、和谐的师生关系，是一种教学相长的师生关系。道德课堂生活，通过教师的指导、引导，调动学生学习积极性，激发学生学习激情与活力；通过学生个体或群体之间的良性互动，智力碰撞，共同成长。学生品尝到学习过程的幸福，乐于高高兴兴上学，带着满心期望回家，才能保持孩子那宝贵的童真与天性。

学生享受高品质学习生活的同时，教师也就追寻到了教育的幸福体验。校长的责任就在于此。校长要努力让教师过一种幸福完整的教育生活，体验教育的快乐与责任，在事业生涯中充实自我，完善自我，成就自我。让教师与崇高为伴，同庸俗作别，超越瞬间的物质快乐，追求永恒的精神享受，从而达到教育的幸福彼岸。教师享受到教育过程的幸福，课堂里激情四射，活动中青春飞扬。

有了幸福的教育生活，在我们的校园中、课堂里，看到的是张张笑脸，那才是学校最自然、最美丽的图景。在这里，你既能感受到"稻花香里说丰年，听取蛙声一片"的自然和谐，又能体会到"鱼戏莲叶东，鱼戏莲叶西"、生命潮涌、大道流行的生态之美。

"集体致富"：郑州在行动

2011年，对于郑州的课程改革来说，是一个很值得纪念的年份。这一年，是郑州市的课程改革在经历了"起步探索阶段"、"整体推进阶段"、"重点突破阶段"之后，进入推进道德课堂建设的"常态化发展阶段"的第一年。这一年，郑州市的老师们在实践探索中又弄清楚了一些问题，对道德课堂建设的认识又有了新的提升。对"学科课程纲要"、"作业规划设计"、"导学案"的编制和使用有了新的收获；对加强学生"学习小组建设"、优化"先学、展示、反馈"的学习流程、制订"道德课堂的评课标准"等道德课堂建设行动策略的研究有了新的进展；对"课堂观察"这一课堂教学专业研究范式的实践有了新的感悟；对道德课堂建设的重要内容——"家长会课程"建设的研究和开发有所突破；等等。这些都是值得分享的感悟和生成。这一年，是郑州市的老师们把课程改革作为一种信仰去孜孜追求的一年！

接下来，郑州市的课程改革还将继续实行"区域整体推进"的行动策略，致力于全市整体推进道德课堂建设，以期通过课堂教学质量的提升来拉动教育的内涵式发展，以课堂教学改革促进教育质量的整体提升，从根本上实施区域内每一所学校"集体致富"的真正均衡，从而办好每一所学校，建设好每一个班级，提升每一个课堂，发展好每一个学生，让郑州教育的每一个细胞充满活力，以促进学生的健康快乐成长，促进学生"价值生命"的进一步提升。

我们将继续以道德课堂构建为目标,继续完善理论体系,探索行动路径,研究推进策略,积累实践经验,丰富学校样本,将道德课堂实践研究提升到一个新的境界。

继续开展"基于标准的教学"研究与实践,加强基于课程标准的学业水平评价改革研究。在细化分解学科课程标准的基础上,开展编写和使用课程纲要的研究与实践,帮助和指导教师对学科教学进行整体规划,增强课程实施的计划性与目的性;通过提高目标、教学、评价的一致性,让课程标准的要求在课堂中得以全面落实,让促进学生的全面发展、主动发展成为课堂教学新的价值取向。

以提升教师实践道德课堂的能力素养为目标,开发培训课程,提高促进教师专业发展的针对性和实效性。开展好与中国教育报刊社的道德课堂建设实践操作培训合作项目,通过培训内容、研修形式的创新,进一步提高学科教师的课程实施能力、课程研究能力、课程指导能力和课程评价能力,进一步提升学科教师每一节课都能"回答好三个问题"的能力,培养一批实践道德课堂的优秀教师团队,以团队的专业影响力,引领教师实现专业发展,提高课堂教学质量,让更多的课堂成为践行道德课堂的阵地。

以构建道德课堂生态为目标,探索建立学生学业质量绿色评价指标体系。开展基于课程标准的学业质量测试与背景问卷相结合的评价,将学生身心健康、品德行为指数、师生关系等非认知因素纳入考量范围,增强其评价的全面性和针对性。以教师的教学生态和学生的学习生态的持续改善,大力涵养区域教育生态,从而彰显区域课堂文化特色。通过与中国教育报刊社对学校领导层道德课堂建设实践操作培训项目的有效实施,激发学校领导的激情与活力,提升学校领导的课程领导力和道德课堂的实践能力,促成学校主动发展、多元发展的局面,催生道德课堂实践形态的百花齐放。

以学生的学习为中心实施教学。加强导学案编制和使用方法的研究，发挥导学案在引导和促进学生学习中的作用，实现学生学习方式的转变；开展过程性评价的研究，探索"作业设计与实施"的原则和方法，使学生能"轻负高效"地学习；关注现代教育技术创新对教学方式变革的影响，加强学科教学与现代教育技术整合的研究，帮助和指导教师提高现代教育技术的应用能力。

继续实施课题带动，持续提升教科研品质。根据中国教育学会"十二五"规划课题的要求，对2010—2011年道德课堂建设课题研究的成果进行总结、生成、提升，理清"十二五"期间道德课堂建设课题研究的选题思路和研究思路，推进课题研究的扎实有效实施。创新教科研形式，构建学习型、合作型、研究型教研小团队，以课题带动的形式，聚焦道德课堂实践中的问题，以问题解决为指向，组织教师开展课堂观察活动，加强合作研究，引导教师用专业的思维、科学的方法和手段开展校本教研，在同伴互助、问题解决的过程中共同实现专业成长。

加强区域联动，实现区域内的优势互补和资源共享，共同搭建促进经验交流与教师成长的平台。继续举办道德课堂博览会，促进区域间、校际间、学科间的交流与分享；继续开展道德课堂建设展示交流会，促进各县区教育局长、教育科长、教研室主任、教科室主任以及学校校长、教学校长、教务主任、政教主任、教科室主任等的道德课堂实践能力新的提升和专业化成长。

我们需要这样的课改书记

课程改革的确难,难到任你想象的程度。一个人观念的转变,行为的转变,尚且如此;何况一群人,更何况是一大群人!是谁促进了河南省安阳市殷都区群体教师的行为转变,"成全"了殷都区课程改革的整体推进?"殷都试卷"给出的答案是:以区委书记李南沉为代表的管理团队!这虽然说稍稍有些意外,细细想来却也在情理之中。早在 2008 年,我随河南省义务教育均衡发展评估组考察殷都区的时候,就已经切实感受到:李南沉书记是一位民生书记、教育书记,是一位好官。我敬佩、敬重他!

李南沉书记是一位"有道"之官

他对教育、教育改革有着自己的独到见解:他认为,教育在社会经济发展中应该是第一位的。以经济建设为中心,无疑是对的;但它只是手段,绝不是目的。政府和家庭一样,所做的事情都是为了孩子的成长。经济建设中的 GDP 主义和教育上的"分数至上"都是对物的崇拜,而不是以人为本的,都是应该纠正的。当下学校教育在"应试"中的迷失,导致越来越多的孩子成了"分数"和"升学率"的牺牲品。改革不能等,我们的孩子等不起,我们的教育等不起!我们推行改革,就是让我们的孩子不再厌学，不再逃学，不再撕书；这是一个家庭应该有的幸福。教改先课改。殷都区应该选择从课改出发，作为"教育重建"的突破口。于是，安阳市殷都区就有了一句响亮的口号：教育是最大的民生，课改是最大的政治！至此，我要说，李南沉书记是一位好官。

有道是，当官不为民谋幸福，不如回家卖红薯。为官一任，造福一方。他是一位有道德的官员，是一位高尚的官员，是一位脱离了低级趣味的官员，是一位有益于殷都区人民的官员。不要说，李南沉书记曾经做过教师，有教育经历；我们不正在做教师、做教育吗？我们中的所有人都达到这种境界、具有这种德性了吗？当我们有些人还在争论课改是不是错了、教育的宗旨是什么、教育是要"人"还是单纯要分数的时候，李南沉书记在想什么、做什么？做人有人德，做官有官德，做师有师德，这是最低的底线要求，这就是道，这就是德。

李南沉书记是一位"遵道"之官

他认为，我们改不了人才选拔制度，我们可以改变培养方式；从区域内的教育自身改起，推行素质教育，让孩子们快乐起来，不再受唯分数论的扼杀。我们不以追求分数为目标，并不是放弃分数。过去，我们两眼只盯着分数的时候，并没有得到理想的分数。现在，我们的课改旨在提高学生的兴趣，引导学生主动学习，让学生愿意学习、喜欢学习，分数一定不会比以前低。所以，分数是我们的副产品，而且副产品的"产量"要比以前作为主产品时要高得多。事实也正是如此：去年一年，殷都区的学生增加了5000多人。大多数是殷都区的学生"回流"的，也有外区学生慕名而来的。殷都区的课程改革得到了认可，受到了欢迎。这就是规律。

当李南沉书记带领着殷都区的老师们喜摘课改硕果的时候，我们还有为数不少的顽固不化的人，仍在异常固执地认为，高考不改革、课改没法改，分数和快乐不可能同时获得。这就是不懂道，不懂规律。李南沉书记认为，课程改革是一个完整的体系，课改就要改思想、改课堂、改学生、改教师、改管理，这也是道，也是规律。改管理，就是改命令式、挤压式、惩罚式管理为服务，建立学校、教师、学生三级主体自主管理新模式，这更是道，更是规律。因此，殷都区对教育局直属机构进行了改革，确立了服务理念，增强了服务意识，强化了服务功能，提升了服务水平。我们所从事的工作是有"道"的工作，我们当然应该同于道；我们所从事的工作是有"德"的工作，我们当然应该同于德。正所谓，教育即道德，合乎道，至于德；以合乎道的途径，至于德之目标。只有"遵道"，遵循规律，才能有效地达到目标。

李南沉书记是一位"给力"之官

首先，他是一位思想者。他善于学习。为了引领教师观念的转变，他与全区教师共同读书，并分享读书感悟。他曾向全区教师推荐了《爱弥儿》、《巨人传》、《民主主义与教育》、《窗边的小豆豆》等教育名著。他喜欢读哲学。用他自己的话说：读哲学让我对教育有了更深刻的理解，比原来站得更高，看得更远，想得更深；让我考虑教育改革更细致，更周全，更稳妥。正是由于他善于学习，善于思考，才给出了"如何制订课改的路线图"、"课改到底改什么"、"构建什么样的课堂"、"创新什么样的机制"等这些"试题"的正确答案。作为教育人，我们善于不善于学习，有没有思考，会不会思考，有没有、会不会持续不断的思考？

其次，他是一位行动主义者。他不是一位靠行政命令来推动工作的人，而是一位行动者、实践者。仅2010年一年，李南沉书记就写了关于课程改革的十几篇文章，他还亲自推荐教师读书篇目和参与制订殷都区教师读书计划，亲自领导和制订殷都区教育发展规划，尽可能参加教育系统组织的各种会议，他甚至每周都要深入课堂，和老师们一起观课评课……他"三顾茅庐"，邀请教育专家、著名校长姚文俊先生出任殷都区教育发展总顾问，同时还聘请了20多位全国知名教育专家、学者构建殷都区教育发展"高端智囊团"。去年，对抵触课程改革的六名校长直接撤了职。他力主推出了新的教师评价体系和评价办法，以学生评价为主，学生和家长的评价占60%，其他评价占40%。评价体系和评价办法的彻底改变，调动了教师推进改革的积极性。他有一句名言："我们要有一种气概，打不开保守的大门，就把房顶掀掉！"这样的书记，一想到他就"给力"，一听到他的名字就"给力"！

　　人，总要有一点精神，总要有一点境界，总要有一点追求。做一任局长、做一任校长，总要让一方教育、总要让学校的品位有所提升。做了教师，就要为学生的发展和成长提供优质的服务。

　　做了牛，就不能误春！这就是道，这就是德！

做有灵魂的教育

新年伊始，教育局局长毛杰提出：郑州要做有灵魂的教育。细细想来，这的确是一个非常值得郑州教育人认真思考的问题。什么是灵魂？我个人的理解是：灵魂，就是价值观。有灵魂的教育，应当是具有正确的价值追求的教育。

教育的灵魂是什么？是育人，培养人格健全、和谐发展的人，是"使儿童带着整个的身体和心智来到学校，又带着更圆满发展的心智和更健康的身体离开学校"，是在发展学生智力的基础上发展学生的情感、意志品质、性格和道德修养。就像法国思想家蒙田在《论儿童的教育》中所写的那样："教育的目的不在于获利和获物，也不在外表的炫耀和装饰，而在于修饰和丰富他的内心，希望塑造和教育出一个有才能有真本事的人，而不是一个空虚的学者。"

有些地方、有些学校，由于教育道德的缺失，使我们的教育失去了正确的价值追求，也就是丢失了教育的灵魂。不按国家规定的课程方案开齐课程，开足课时；升学考试，考什么学科，就开什么课程；家长、教师只盯着分数，学生体验不到学习的快乐。在希腊文中，"学校"一词的意思就是"闲暇"。在希腊人看来，学生必须有充足的时间体验和沉思，才能自由地发展其心智能力。而我们现在的许多家长和老师唯恐孩子虚度光阴，一天到晚驱使着他们做无穷无尽的所谓的功课，不给他们留下丁点儿玩耍的时间，自以为是地认为这就是尽了家长和老师的责任，岂不知这种做法才是真正的"虚度光阴"，孩子的灵性和自主创造力在题海中被逐渐地淹没，孩子失去了童年。

我们知道，人生的各个阶段都有其不可取代的价值，尤其是儿童期是身心成长的重要时期，也应该是人生最幸福的时光。教育的最大功能应该是给孩子一个幸福而有意义的童年，这样才能为他们的一生打下良好的基础；而我们现在就把沉重的功利目标压在孩子的身上，驱赶着他们去功利的战场上浴血奋战，致使孩子失去童真、性格扭曲，这样的人生就失去了它应有的价值！

做有灵魂的教育，就要让教育回归本质。 顾明远先生认为，现在我们的教育忘记了培养健全人格这么一个最根本的目的，教育应该是让孩子健康快乐成长，而现在大家都是只顾着眼前的利益，谁也没有认真考虑一下孩子将来的幸福。"我们今天仍然要大声齐呼救救孩子，把孩子从沉重的学业负担当中解救出来，让他们自由地发展，幸福地生活。"老子说："天得一以清，地得一以宁，神得一以灵。"这里的"一"，就是教育之根。具体而言，就是提升生命质量，寻求教育之根。当前教育的出路在于回归教育的本质，重新建立教育价值观。

从卢梭到杜威都通过"教育即生长"这个论断道出了教育的本质，这就意味着教育本身的目的是生长，而并非其他，比如"将来适应社会、做出成就"之类我们耳熟能详的说教，其实这些并非教育的目的，而是教育者尤其是家长的期望。这些目标，原本应该由孩子去规划，但是，现在教育者喜欢做的事就是替孩子设计好未来，然后要求孩子去实现，这恰恰是对教育本质的违背和对孩子天性的劫持。

从另一个角度说，学习是人的高级本能，学生是天生的学习者，是不需要教的。从这个意义上讲，教育是没有用的。既然教育没有用，那么，我们就应当研究和解决如何参与到孩子的学习和成长中这一根本性的问题。让我们的孩子，在充满尊重、关怀、民主、和谐的环境中，在身心愉悦、人格健康、精神自由、生命自主的学习过程中，体验到学习的愉快和幸福，获得学业进步和身心全面发展。让我们的教育重新回到"促进学生的健康快乐成长"这条"回家"的路上！

做有灵魂的教育，就要让教育回归孩子的心灵。 教育是人灵魂的教育，而非理性知识和认识的堆积。教育本身就意味着：一棵树摇动另一棵树，一朵云推动另一朵云，一个灵魂唤醒另一个灵魂。甲骨文中的"教"，右边的"文"中有一颗"心"字，几经演变，那颗"心"不见了。从本质上讲，教育就是"以心灵感应心灵"的过程。"心灵"是一切经验的基础，它创造了快乐，也创造了痛苦。欲望使我们存在，而心灵决定我们存在的品质。一个人的快乐与幸福，不是由你获得了多少来决定，而是决定于你感受到了多少。教育之道，道在心灵。毫不客气地说，如果教育未能触及人的灵魂，未能引起人的灵魂深处的变革，就不能称其为教育。如果孩子们的心灵没有被教师感应到，一切教育都是没有用的，教育的本质将离我们越来越远。因此，教育应该回归到孩子的心灵深处。

做有灵魂的教育，就要让教育回归"道德"。 对"教育"一词，《说文解字》有着非常精辟的解释："教，上所施下所效也；育，养子使作善也。"教育必定包含着教人做人、使人为善、使人向上的意图和努力。使人为善，使人向上，是教育的道德目的，也是判断一种活动或影响是否属于"教育"的道德标准。如果我们学校的任何一项活动，或者对学生施加的任何一项影响都符合了这一道德标准的话，才能称其为"教育"。我认为，教育即道德。合乎道，至于德；以合乎道（规律）的途径，才能至于德之目标。我们应该做的是：构建有道德的校园，让高尚的道德引领学生的生活；构建有道德的课堂，让我们的教师在道德的环境中进行有道德的教学，让学生学科知识增长的过程成为学生人格健全和发展的过程，让课堂学习成为学生高尚的道德生活和丰富的人生体验，让课堂学习的过程和结果都符合道德的要求，体现道德的关怀，孕育道德的光辉，让课堂生活充满生命的活力。

美国著名的教育家内尔·诺丁斯在《学会关心——教育的另一种模式》中认为，一个人也许不懂得欣赏名画《维纳斯的诞生》，但他仍然可以是一位好公民；一个人也许不懂得高等数学，但他仍然可以是一位好公民；一个人也许不知道兰姆的散文笔法也不知道欣赏莎士比亚的戏剧，但他仍然可以是一位好公民。这就昭示了教育的内在真谛：教育不仅仅是知识的教育，更是为生命奠基、成全每一个生命、促进学生精神成长的有灵魂的教育。有灵魂的教育，说到底就是充满着生命活力、洋溢着生命光辉的教育，发展生命才是教育的灵魂！

做有灵魂的教育，就是要给孩子指明生命发展的方向，帮助孩子寻找生命的意义。因此，我们的教育应该"贴近生命的需要，揭示生命的真相，引领生命的成长，探寻生命的意义，成全生命的价值"。这既是教育的价值追求，更是我们教育人不懈的价值追求！

办有灵魂的学校

几年来,郑州市的校长们一直在寻找自己的"灵魂"。教育局也曾举办以"我的理念,我的学校"为主题的校长沙龙,以帮助校长找到自己的"灵魂"。在这个过程中,有的校长找到了,有的校长还在迷茫之中。要实现教育局长毛杰所倡导的"做有灵魂的教育"的理想,首要的是每一所学校都要办成"有灵魂的学校",这就需要每一位校长找到自己的"灵魂",做一位有思想、有灵魂的校长。

校长是学校的灵魂。苏联的帕夫雷什中学是一所普通的乡村学校,没有华丽的校舍,甚至连校门也没有——只是在破旧的围墙上敲了个仅够让人进出的"洞",但帕夫雷什中学却享誉全球。为什么?因为帕夫雷什中学有一个好校长——苏霍姆林斯基!他认为,校长对学校的领导,首先是教育思想的领导,其次才是行政领导。他通过不断的学习、探索、思考、实践,创立了"主张个性和谐发展"的教育理论,形成了"相信孩子、尊重孩子、用心灵去塑造孩子"的教育思想。他率领全校教职员工一起实践、探索、总结教育的科学规律,并做到使学校全体工作人员——从校长到看门人,都来实践教育思想。正是有了苏霍姆林斯基这么一位苏联教育思想集大成者,帕夫雷什中学才有了举世瞩目的成就。

有思想、有灵魂的校长,就是具有正确的价值观、人生观和世界观的校长,就是对教育本质、教育规律、教育现象、教育问题、教育活动具有理性的思考、认识和判断的校长,就是对教育要解决"培养什么样的人"和"如何培养人"这两大问题具有正确的认识和清晰的思路的校长,就是具有明确的办学目标并为达到目标而孜孜追求的校长。因此,校长的教育思想,就是校长在教育实践、思维活动及文化积淀和交流中所形成的教育价值取向与追求,是一种具有相对稳定性、连续性、指向性的教育认识和理想的观念体系,同时也是学校历史积累和理性思维的结晶。

校长的思想,源于教育生活和实践,体现于所在学校的办学理念和学校的持续发展中,体现于校长自身的成长与成熟的过程中,而不是漫无边际的夸夸其谈。校长要善于把自己的思想变成"一班人"的思想,以自身饱满的工作热情、高尚的人格魅力带动"一班人",形成校长非权力性影响力,成为学校发展的精神支柱,使学校的发展紧紧地围绕自己的办学思想来运行。校长要善于让自己的思想成为全体教师的思想。校长的办学思想只有成为全体教师的思想,才能真正成为学校发展的动力。校长要切实处理好校长负责与民主管理的关系,切实尊重教师的自我心理需要。要让教师既全面理解贯彻校长办学思想,又有自我发展时空,得以创造性地开展工作。

我非常赞同民进中央副主席朱永新"用文化为学校立魂"的观点。学校是个文化浸润的地方,是塑造灵魂的殿堂。学校育人,实质上就是用文化育人,用一个民族的优秀文化育人。文化是学校凝聚力和活力的源泉,是学校的灵魂。目前,我们的一些学校所缺失的正是学校文化、学校的"灵魂"。有文化自觉的学校,会清晰地意识到自觉该秉承什么,用什么样的理念影响师生的生活,促进教师与学生的生命在学校里得到舒展、成长,让普通人的潜力得到发挥、个性得到张扬。如果学校教育缺失了文化,就会把孩子带到一个抽象、片面的地带,文化的缺失带来精神的浮躁甚至荒芜,教出来的孩子可能是有知识没灵魂、有记忆没根底的"怪物"。解决这一问题的关键，就是让学校重新发现生命的意义和文化的价值。学校文化是学校成员认同的信念、观念、语言、礼仪和传奇的聚合体，决定着人们的价值追求和发展目标，同时显现在学校的一切教育行为、物质载体之中。

教育本身就是一种文化的传承，推进课程改革就是为了更好地实现文化的传承。课程改革不断深入推进的过程，实质上就是一个文化的传承与创新的过程，一个文化的不断生成、提升和内涵丰富的过程。所以，站在文化变革、文化重构的高度来审视学校的一切教育活动，应该是作为基础教育课程改革的实践者、引领者的中小学校长必须具备的基本素质。

课程文化是学校文化的核心，是一所学校办学特色和个性发展的集中体现。明确课程思想，加强课程建设，构筑课程文化，彰显办学特色，应该是每一位校长办学的基本思路和工作目标。校长的课程思想，就是校长围绕学校的培养目标，对学校课程设置、课程实施、课程管理与评价的思考、认识、看法和观点。因此，确定适合新课程要求、适合学校实际的课程思想，是校长办好学校的前提与基础；加强课程建设，让教师体验、感悟、实践自己的课程思想，是校长办好学校的关键和保证；形成课程文化，彰显办学特色是校长的办学追求。

学校的文化建设，并不是虚无缥缈的，是可以看得见、摸得着的。不管是校长自己，还是教师和学生，每天都在体悟文化的所在，感受文化的力量。作为校长，有责任让文化浸润每一位教师和学生的心灵，让文化从高高的神坛走向粗糙的地面，从形式上的虚化走向具体而细微的日常教学生活。在推进课程改革的进程中，循着自己的教育理想，不断地探寻和把握学校发展的文化脉络，从认识到行动，从理念到实践，不断实现新的跨越，铸就学校的灵魂，彰显生命的意义和文化的价值。

有灵魂的学校，就是具有正确的办学思想和价值追求的学校，就是有文化的学校，就是能够充分彰显生命意义和生命价值的学校。学校有灵魂，才会走出应试教育的怪圈，以先进的价值取向、适宜的教育环境、合理的课程体系，成为学生终身怀念的学校。这就是办学之道，更是办学之德！这就是校长之道，更是校长之德！

做有灵魂的教师

我一直很欣赏帕斯卡的一句名言：人是一棵会思想的芦苇。恩格斯也说过：地球上最美的花朵是思维着的精神。既然教师是人类灵魂的工程师，那么，做有灵魂的教师，就是对教师的必然要求。有灵魂的教师，就是有思想、有追求的教师，就是有道德并能够坚守教育的道德要求、在功利侵蚀的大潮中保持一份从容和笃定的教师，就是能赋予学生以"价值生命"的教师。

传道之人，必须闻道在先；塑造他人灵魂的人，首先自己必须有高尚的灵魂。纵观古今中外教育名家，无不把德视为最高智慧。从孔子到陶行知、魏书生，从柏拉图到夸美纽斯、苏霍姆林斯基……他们都以德示范，人格的力量就是教育的力量。

做有灵魂的教师，首先必须成为一个思想者，具有独立思考能力和怀疑精神。一个具有独立思考精神的教师人格独立了，才能给学生良好的示范；思想独立了，才能教会学生用智慧去怀疑，去立论，去创新。如果一个教师自身都缺乏批判意识和怀疑精神，他的学生只能是一群精神侏儒和思想奴隶。只有用思想才能滋养丰富的心灵和厚重的人格。只有教师的思想光明才能烛照出学生的精神灿烂；只有教师的情感高尚才能熏陶出学生的高尚情感；只有教师的心理健康才能培育出学生的健康心理；只有教师的人格伟岸与厚重，才不会导致学生人格的猥琐与浅薄。

读书，才会有思考；有思考，才会有思想；有思想，才会有追求。因此，教师要学会"教书"，首先应该学会读书，学会思考，学会思想。教师读书是关系教育成败的大事。教师不读书，就不会有教育理想、教育信念、教育思考、教育智慧、教育活力、教育创新，一句话：就不会有"教育生命"！教师是天生的职业学习者，职业读书人。只有读书，才能丰厚自己的文化底蕴，渊博自己的学识水平，陶冶自己的心性修养，升华自己的教育追求，积淀自己的教育智慧，才能修炼成为值得学生终身阅读的"圣贤之书"。因此，读书是教师的职业生活和专业生活方式，是教师思想的本源，是教师追求的动力源泉。

有灵魂的教师，始终着眼学生的终身发展。"对每个孩子的未来负责，让每个孩子获得个性发展的空间，让每个孩子都能幸福成长"是他们坚持不懈的追求。有灵魂的教师坚持"育人至上"，始终把孩子放在心中，把孩子当作发展中的人和能够发展好的人，在他们眼中：孩子有差异，但是没有层次。他们用宽广的胸怀包容孩子，用崇高的人格陶冶孩子，用丰富的学识涵养孩子，用优秀的作品鼓舞孩子，解放孩子，尊重孩子，关注孩子生命的成长，为孩子夯就坚实的心路历程，让孩子拥有健康幸福的人生。每一朵花都有开放的理由，只有包容，才能成就"百花齐放"；只有尊重，才能塑造健全人格；只有倾心的爱，才能成就孩子美好人生。他们总是能在最让人闹心的孩子身上发现闪光点，也能为最令人自豪的孩子搭建更广阔的平台。

有灵魂的教师，推进的教学是有灵魂的教学。学科思想是学科教学的灵魂。学科思想是形成学生情感态度价值观的重要因素，是赋予学生"价值生命"的营养要素。道德课堂的教学，是有灵魂的教学，是基于课程标准、基于学科思想方法的教学，教师要在学科思想、学科方法的指导和统领下，把长期颠倒了的学科教学重心重新纠正过来，以学科的基本观念、方法论原理为核心，以学科思想方法来组织和建构学科知识体系，把教学从浅表的知识教学和技巧训练的层面，推进到深入学科本质与核心的思想教学和方法教学的层面上来，更有效地促进学生学科能力、学科素养的提升和人格的健全与发展。

推进有灵魂的教学，是推进道德课堂建设的必然要求，是课堂改革与创新之道，更是课堂改革与创新之德！正所谓：合乎道，至于德！

有灵魂的教师，始终关注自己的专业成长。教师的发展意愿是其自主发展的"原动力"，有灵魂的教师总是专注于自身学养的丰厚，不断培育自己的专业素养，提高自己的专业能力，涵养自己的专业精神。他们专注于学生生命成长的本质，专注于唤醒学生的独特性，调动学生的内驱力。有灵魂的教师总是能自觉地为自己设定发展目标，分析自己的优势劣势，坚持"每天进步一点点"，"在工作中学习，在学习中工作"。他们把教育当作一种生活，一种蓬勃向上、锲而不舍的生活，在教育这块丰沃的土壤上种植芳香四溢的花朵，用教育描绘自己的诗意人生，用自己的人生描绘教育理想。

有灵魂的教师，始终坚守教育的道德要求。麦金泰尔说："教育者的责任就是要抵抗事实上将会控制它的社会潮流。"有灵魂的教师，永远守护在教育的核心地带，小心呵护教育的本真，不断追求教育的真谛，坚守教育阵地，努力为教育发展贡献自己的一份力量。有灵魂的教师具备穿越历史、通达未来的智慧，在功利侵蚀的大潮中，总是能保持一份从容和笃定。心静则远，他们不把追逐利益作为人生的终极目标，怀持宁静自由的心态，从容地去追求浮躁时代里朴素的教育真谛。

有灵魂的教师，始终充满育人的幸福感。教育的功利与浮躁，很大程度上是由于鼓吹或热衷于"奔跑"，且是"百米冲刺"。这样师生势必累得很，也烦得很。站在现实的大地上，有灵魂的教师不但具有批判的精神，更有建设的行为。"教育不能没有梦，但是教育不是梦"，有灵魂的教师总是能在纷繁复杂的教育琐事中寻觅到育人的幸福，他们坚持

"山不过来，我就过去"的一份明智，一份责任和义务。他们能够把问题转化为课题，品味思考的愉悦；他们能把思考转化为行动，体验探究的快乐。他们总能从学生渴盼的双眸中，从学生的点滴进步中，体会到为人师者的自豪和愉悦。

有灵魂的教师，不会把学生的学业成绩册看成是自己的工资册和奖金发放册。做人有人德，为师有师德。做一个有思想、有追求、有道德的教师，为学生指明生命的方向，赋予学生生命以意义和价值，就是最高尚师德的具体体现！这是为师之道，更是为师之德！

育有灵魂的学生

在这个庄严的时刻，我要告诉大家，我们接受的是什么样的教育？根据调查，中国孩子计算能力世界倒数第一，创造能力世界倒数第一，没有一个诺贝尔奖是接受中国教育而获得的，泱泱大国，亿万学子，能不害羞？这难道就是我们接受16年教育的结果吗？我们不能只为父母的理想而努力，应该有自己的理想。这种变味的教育，学了能有什么用呢？就是考上大学能如何？找到工作又如何？我们不是机器，即使是机器，学校也不该把我们当成追求升学率的工具！

在这样的教育下，我们都在争取什么呢？都变成了什么人呢？如何树立远大理想？请先给我们以自由生活，请先还我们快乐成长的时光！

这是几个月前，在南方某中学周一的升旗仪式上，演讲的学生悄悄换掉学校领导已经把过关的稿子，突然发表的抨击中国当今教育制度的一段演说。这个突如其来的演讲震撼了全校3000多名师生，影响波及全国。尽管他讲话的场合和时机不是那么"适宜"，但是，他敢讲真话的勇气值得肯定，敢于质疑的精神可嘉！讲出的道理值得思考！他是一个有着自己的独立思考和质疑精神的学生！我认为：这是新课改的成果！我们培养出来的学生不应该有自己的独立思考吗？不应该有质疑精神吗？

2012年5月19日，温家宝同志在自己的母校——中国地质大学（武汉）的即兴演讲中，有这么一段意味深长的话："一所学校最重要的，是要倡导自由之精神、独立之思想。青年学生要有自己独立的思考，这是最宝贵的……在母校的学习，使我养成了从不迷信权威的习惯，遇事总是要问一个为什么，通过自己，探寻追求真理的脚步。"

温家宝同志这段看似简短的话语，道出了教育的实质：培养人独立思考的能力和意识。为什么独立思考对人的成长意义非凡？法国思想家帕斯卡曾就"思考对人成为人、对人具有人的属性的价值和意义"有过精辟的论述：人，全部的尊严就在于思想（思考）……

是的，人确实生来就是要思考的。思考确实是人类的全部尊严之所在。如果一个人失去了思考的能力，那么，他不是丧失了生命，就是一个徒具生命形式而缺乏精神活动的植物人。然而，具有思考的能力却并非意味着一个人愿意去思考，能独立地思考。孔子曾批评过那种"学而不思"的人，这种人只知道运用自己的大脑去记忆、复制某些知识和言论，而没有真正地思考。这种思考不是仅仅指人的大脑的运动，而是指人独立的思考。

所谓独立的思考，简单地说，就是不人云亦云，不去简单复制书本上的知识和别人的言论，不迷信权威的说法和论断，不被大众的舆论和主流的评论所左右，而是能在自己深刻理解、充分思考的基础上提出自己独特的想法和见解。如果没有真正的理解，只是凭一些感觉和感受去评说和下论断，自己就易于陷入迷惑，即孔子所说的"学而不思则罔"，就更谈不上独立的思考了。

如果说"能不能思考"是人和其他生物的区别，那么，"能不能独立地思考"就是一个人"有没有思想"、"有没有灵魂"的标志。

人类社会的发展史是一部创新史。没有创新，人类就不可能发展，社会就不可能进步。教育是培养创新精神和创新人才的摇篮，教育在培育民族创新精神和培养创造性人才方面肩负着特殊使命。

有自己独立的思考，才会有质疑，才会敢质疑。质疑精神作为创新精神的首要构件，是获得创见的第一关。质疑方能创新，创新必先有疑，有小疑则有小进，有大疑则有大进。因此，要培养创新精神，首先要从培养学生的质疑精神开始。所谓质疑精神，就是学习者在强烈好奇心驱使下，敢于独立思考，勇于设疑问难，能够大胆陈述意见，激烈讨论，爱追根究底，具备探索并开拓未知领域的精神。爱因斯坦说过："提出一个问题往往比解决一个问题更重要。"我国学者程颐说过："学者须要会疑。"敢于质疑，是创新精神的重要源泉，也是创造活动的萌芽。

课堂教学是培养学生学会思考的重要场所，教师承担着培养学生学会思考的重要任务。可是，我们有的学校、有的教师培养出来的学生，却没有思考、不思考、不会思考！

学生为什么不思考？因为老师经常会代替他们说出老师需要的思考。简单粗暴的教学方式，抹杀了孩子思考的权利。

学生为什么不思考？因为老师从来不让他们充分地思考，一分钟的时间，能够形成一个什么样的思考？人为地磨平"棱角"，忽略了思考自身的价值。

学生为什么不思考？因为老师从来不理会他们的思考，只选择了个别能够配合教学进度的思考。记忆式的教学模式，成了学生不堪忍受的负担。

学生为什么不思考？因为教师就没有思考，能给学生带来什么思考？

课堂教学如何培养学生的独立思考的能力和敢于质疑的精神呢？一是激发学生的好奇心。好奇心是对新鲜事物或未知领域进行探究的一种心理倾向，是创造性活动的内驱力之一。在教学中，教师应经常为学生创设引起观察和探索的新异情境，善于提出难易适中而富有启发性的问题，并引导他们自己去发现问题或寻求答案，促进其思考，从而在满足其求知欲的同时，培养其质疑精神。二是培养学生的自信心。自信心是质疑精神的心理依据。魏书生鼓励学生:"要坚信自己有巨大的潜能","放声高呼,我能成功","只要信心之火不熄,大器可能晚成"。的确,纵观古今,大凡为人类做出一定贡献的创造发明者无一不是善于质疑、充满自信的人。要培养学生的质疑精神,就必须保护和培养学生的自信心。有了自信心,学生才敢于独立思考,才敢于捕捉疑问,并坚持不懈地去努力解决疑问。三是培养学生的情感意识。列宁说过:"没有人的情感,就从来没有、也不可能有人对真理的追求。"情感具有一种内驱力,积极的情感能调动学生的学习兴趣。因此,课堂上教师必须创设一种尊重、关爱、民主、和谐的学习氛围,用真诚亲切的微笑、和蔼可亲的教态、饱满的精神、良好的情绪,不断增进师生间的情感交流,使学生敢于质疑、主动质疑。四是培养学生的寻疑意识。质疑先要寻疑。课堂教学中,教师要善于引导和激发学生寻疑的兴趣,肯定学生的寻疑行为,让学生善于寻疑、乐于寻疑,让寻疑逐渐地变为思维的重要特征。

人的特性无他,能思考而已;教育的实质无他,引导、提升独立思考的品质而已。我们应该做的是"让学生生活在思考的世界里",在审美愉悦中,培育创新的土壤,让其思维进入最佳的心理状态;在和谐的师生关系中,激活创新的潜能,让其情感点燃智慧的火花;在观察与想象中,拓宽创新的空间,让其思维插上翅膀;在学科训练中,培养扎实的实践能力,为其创新打下必要的基础。让学生在学习成长过程中,不断增强和提升独立思考的意识和能力,具备勇于质疑的意识和精神,养成独立思考和勇于质疑的习惯,做自己的主人翁,成长为会独立思考、敢质疑、会创新、有追求、勇于担当的一代"有思想"、"有灵魂"的学生!这才是教育之"道",更是教育之"德"!

推进有"灵魂"的教学

学科思想是学科教学的灵魂,推进有"灵魂"的教学,当是学科教学的必然选择。在推进道德课堂建设的进程中,郑州市始终坚持以"加强学科建设,提高学科能力"为主线统领教学工作,把"课程建设"作为学科建设五项工作中的首要工作,并把"细化解读课程标准,整合学材,科学设置课堂学习目标"作为课程建设的第一要务,始终坚持不懈地向前推进。

众所周知,国家课程的有效实施在于国家课程的校本化、生本化开发,也就是国家课程的二次开发。学科教师基于对学科课程的理解和领悟、基于校情和学情,对国家课程进行学科内的整合以及学科间的整合,是学科课程建设的首要内容,既是学科教师进行课堂教学的前提条件,又是学科教师必须修炼好的教学基本功。在学科整合的基础上,才能有目的、有针对性、高质量地编制和使用"学科课程纲要"、"作业规划设计"和"导学案",也才能是一种理性的教学。然而,这一切都离不开"灵魂"的牵引,那就是"学科思想"。我们都知道,学习知识不是教学的终极目标,让学生通过知识的学习,领悟并获得学科思想,掌握学科方法,提升学科能力,为学生的终身发展奠定基础,才是教学的真正使命。因此,道德课堂要求学科教师的教学应该是基于学科思想、学科方法的教学。这样的学科教学才是有"灵魂"的教学,才是"合道"的教学、符合规律和遵循规律的教学。

知识爆炸的年代,知识总量在急剧地增长,学科知识在不断地推陈出新。如何以学科的本质和核心来整合学科知识体系,解决知识和学生学习内容的"过量"问题,实现学科教学内容"量"的压缩和"质"的精选,切实减轻学生不必要的课业负担,促进学生探究性学习能力、创造性思维和学科素养的提升和发展,是深化课堂教学改革、推进道德课堂建设,必须正视和认真研究解决的一个重大课题。

首先,应该解决认识问题,这是推进有"灵魂"教学的前提条件。多年来,学科教师之所以忽视了学科思想、学科方法的教学,一方面是因为长期以来"双基"教学的惯性影响:从教材的理解与处理到教学目标的分析与确定,从教学内容的组织到教学方法的选用,从一堂好课的评估标准到最后的考试评价,人们都将"双基"作为一个基本的判断依据,从而遮蔽和阻挡了教师对学科思想、学科方法的关注、思考和研究。另一方面是因为教师对学科基本结构的表面化理解:学科基本结构由实质结构、句法结构和组织结构三部分组成。实质结构,即一门学科的基本概念、原理和理论;句法结构,即一门学科收集数据、检验命题和对结果做出概括的方式;组织结构,即一门学科不同于其他学科的基本方式和这门学科的探究界限。我们平时所理解和关注的"各种基本概念、基本原理以及它们相互之间的规律和联系",指的只是学科的实质结构,而并非学科基本结构的全部。正因为如此,教师习惯于将传授表层的知识和训练学生的解题技巧作为教学的核心,导致学生在学习过程中的思维缺乏活力,在学科能力、创造性思维和学科综合素养等方面的发展空间受到严重的限制。

因此,学科教学领域需要进行一场学科思想、学科方法的认识运动,改变和突破过去学科教师对"双基"教学、学科基本结构以及学科的实质和核心等问题的基本认识,并以此为基础,把长期颠倒了的学科教学重心重新纠正过来，以学科的基本观念、方法论原理为核心，以学科思想、学科方法来组织和建构学科知识体系，把教学从浅表的知识教学和技巧训练的层面，推进到深入学科本质与核心的思想教学和方法教学的层面上来，更有效地促进学生学科能力和学科素养的提升和发展。

其次，应该明确目标指向，这是有"灵魂"教学的核心问题。有"灵魂"的教学，指的是基于学科思想、学科方法的教学，即教师在学科思想、学科方法的指导和统领下，突破过去以"双基"教学为单一目的的浅层教学，以知识学习为手段，让学生在获得知识的过程中，领悟并获得学科思想，掌握学科方法，提升学科能力，促进人格健全与发展的深入学科本质与核心的教学。其教学的主要目标应该包括：将学科思想、学科方法置于学科教学的中心地位，实现课程教学内容"量"的压缩和"质"的精选，切实减轻学生的课业负担，提升学生的学习质量；学生通过对学科思想、学科方法的领悟和掌握，进而理解和把握学科的整体结构与深层结构，提升学生的学科学习能力，促进学生创造性思维和学科综合素养的发展和提升；教师通过对学科思想、学科方法的分析和挖掘，突破教师对"双基"教学和学科基本结构的认识，提升教师对学（教）材的理解与处理能力，进而促进学科教师的专业化发展水平的持续提升。

再次，应该把握教学的基本维度，这是有"灵魂"教学的基本要求。有"灵魂"的教学，要求教师在学习（教学）目标上突出学科思想、学科方法，在学习（教学）内容中挖掘学科思想、学科方法，在学习（教学）情境中蕴含学科思想、学科方法，在学习（教学）过程中使学生体验和领悟学科思想、学科方法，在学习（教学）方法上帮助学生归纳和总结学科思想、学科方法，在练习与作业中让学生应用和反思学科思想、学科方法。总之，目标与内容，情境、过程与方法，练习与作业是有"灵魂"教学的几个基本维度。仅就教学内容这一维度而言，任何一个学科知识结构中都有一个或几个在结构中起统帅作用的学科思想、学科方法，教师要选择那些"简要"、"带有迁移力"的学科思想、学科方法作为教学内容的核心，始终"给予那些和基础课有关的普遍和强有力的观念及态度以中心地位"，让学生深入了解和掌握这些学科思想、学科方法的本质属性、基本规律与普遍意义。

最后，应该改变教学方式，这是有"灵魂"教学的基本策略。基于学科思想、学科方法的教学，需要改变过去"部分—部分—整体"的教学模式，实践探索"整体—部分—整体"的教学方式，适宜推进单元教学法：先从整体上帮助学生感知和了解各册的教（学）材内容，并以其中所蕴含的学科思想、学科方法作为核心归纳和概括各册教（学）材内容的知识结构，然后以学科教（学）材的单元为基本单位实施整体性教学；始终将本单元教（学）材所蕴含的学科思想、学科方法作为各个教学环节的核心和灵魂，帮助学生重点突破对学科思想、学科方法的局部认识，引导学生从整体上去揣摩、领会和掌握本单元的学科思想、学科方法与知识结构。推进有"灵魂"的教学，需要教师根据不同学科、不同内容，来选择不同的教学组织方式。

走出一条共同发展的专业成长之路

在推进课程改革的进程中，教育行政部门既应该是课程改革的强力推进者，又应该是课程改革的专业引领者。作为主持一方课程改革的业务局长，应该在不断地探索实践的基础上，在与教师和校长的平等对话、交流碰撞中，实现与校长和教师的专业共生和共同成长，来不断地促进自己的专业发展和专业成长，从而有效地实现专业引领。郑州市的课程改革之路，实际上就是一条教师、校长、局长们的共同探索、共同实践、共同成长之路。

2004年，教育部提出要加强"以校为本"的教研制度建设。2005年，郑州市集广大教师、校长的共同智慧，形成了《关于加强校本教研工作的意见》，明确了校本教研的指导思想和基本要求。2007年，形成了《关于加强中小学学科建设工作的意见》，提出把"加强学科建设，提高学科能力"作为全市中小学教师的核心任务。2009年，形成了《关于全面推进细化解读课程标准工作的意见》，提出把"细化解读课程标准，整合教材，科学设置课堂学习目标"作为第一要务。2010年，形成了《关于进一步推进基础教育课程改革的意见》，提出把"构建道德课堂，提升师生生命质量"作为全市基础教育课程改革的主题、方向和目标；开展构建道德课堂的行动研究工作，实施课题带动，整体推进，以期形成区域文化。

多年来，郑州市一直遵循着"整体推进，双轮（行政与教研）驱动，搭建平台，典型引路，阶段总结，生成提升"的工作思路：一年一会，一会一地，一地一题，一题一解，即一年召开一次教学工作会、一次德育建设会、一次校本教研推进会，一次会议选定在一个区县召开，一次会议确定一个主题，针对一个主题进行研讨交流，提出要解决的问题并研究解决问题的办法，达成共识，形成决议，全市贯彻落实。此外还有区县业务局长、教研室主任，直属学校校长、副校长、教务主任、政教主任、教科室主任以及教研组长等不同层面的研讨交流会，这些都是作为业务局长必须参加甚至主持的会议。其目的是搭建各种平台，以实现与教师、主任、校长、局长的平等对话，交流碰撞，专业共生和共同成长。2005年以来，作为一种制度一直坚持了下来，并且每一次会议都有有形成果的积累。

正因为如此，在推进校本教研的"起步探索阶段"（2005年以前），我们统一了对校本教研的基本认识，明确了校本教研的基本要素，确立了推进校本教研的行动策略。在"整体推进阶段"（2005～2007年），我们形成了校本教研的"四四五三三"的基本框架（明确四个观点、澄清四种糊涂认识、把握五个要点、做好三项基础工作、抓好三个点），确立了校本教研的四个关注点（关注课堂、关注问题、关注效果、关注文化）。在"重点突破阶段"（2007年以后），我们把"加强学科建设，提高学科能力"作为校本教研工作的重点，提出了"五三二二"的基本要求（抓五项建设、提高三种基本能力、关注两个问题、做好两项基础工作），把"细化解读课程标准，整合教材，科学设置课堂学习目标"作为第一要务，把课堂的改革创新作为突破口，力争有所突破。直至推进、提升到"构建道德课堂，提升师生生命质量"的层面，并以2010年为新的起点、把课程改革推进到一个新的阶段。

郑州市一直以来，紧紧抓住课堂教学、校本教研、质量监控等三个关键环节，致力于新课程的新课堂建设，校本教研研究课堂，质量监控监控课堂，促进了课堂的改革与创新，促进了新课程实施品质的不断提升。校本教研，从理论建设、制度建设的层面上，回落到了"课堂教学问题的解决"这一"粗糙的地面"。质量监控，从单一的成绩分析，提升到了对学生获得知识的方法与过程、学习状态和师生精神共同成长的关注。课堂教学，从初期的无所适从，甚至盲从，逐步走向了成熟与理性；从关注课堂方向，到关注课堂生命、关注课堂道德，到关注课堂文化（课堂生态）的重建，一步步走上了"构建道德课堂，提升师生生命质量"这条教育生态文明之路。多年来，我们在实践中探索，在研究中前行，在反思中发展，走过的是一条问题持续解决、注重成果积累、不断生成提升的持续生长之路。

当今的课改，最缺的不是理念，而是行动，是坚持不懈的行动。行动就是改变，坚持就是进步，坚持就是突破，坚持就是引领。作为业务局长，注定是一方课程改革的专业引领者。因此，一定要带领教师和校长"做"而论道，而非"坐"而论道，做课改的行动主义者。在坚持不懈的行动与实践中，促进教师、校长的行为和观念的转变，在问题的持续解决、成果的不断积累和生成提升的过程中，促进教师和校长的专业发展和专业成长。走出一条与学生、教师、校长共同发展和共同成长的专业发展、专业成长之路，以引领一方课程改革的健康发展。

追求有道德的教育，
静听学生生长的声音

  今年4月25日，毛杰局长在接受《中国教师报》记者专访时说："郑州教育所追求的是'新道德教育'。这里的'新'，与其说创新，不如说是回归——回归教育的真义。新道德教育的基本框架可以用'一三五体系'来概括：'一'是一个主题，就是做有灵魂的教育；'三'即三大支撑，包括道德课堂、道德文化、道德评价；'五'即五新建设，新道德教育最终要落实在'新课堂、新教师、新学生、新学校、新文化'的建设上。"

  郑州教育的"魂"找到了，铸"魂"的基本思路明确了，今后的任务就是如何来立"魂"了。下面，我就如何加强新道德教育的"三大支撑"建设谈几点意见，供大家工作中参考。

关于道德课堂

  道德课堂，是在郑州课改的土壤里生长起来的、新课程背景下的一种高品质的课堂形态。新课程所倡导的新课堂就是道德课堂，她是针对过去的旧课堂教学中存在的道德缺失、违道德甚至反道德的一种教育主张，是基础教育课程改革要达到的目标和境界。道德课堂，不仅仅是要研究课堂教学中的育德问题，也不仅仅是要研究课堂教学行为的有效问题；而是要研究课堂教学的德性问题、人性问题，研究解决课堂教学的目的、行为和结果的一致性问题。因此，道德课堂的第一个层面是"低碳"高效，第二个层面是促进学生的思维发展，第三个层面是促进学生的精神成长。课堂上，让学生在获得知识、获得技能的过程中，同时获得向善向上的情感体验和心灵感悟，让学生学科知识增长的过程同时成为学生的人格健全与发展的过程。这是新课程"三维教学目标"要求教师每一节课都必须达成的课堂教学目标。

道德课堂要求每一位教师、每一节课都必须要回答好"学习目标、学习策略与过程、学习效果的评价"三个问题，从而解决好课堂教学"合乎道，至于德"这一道德课堂建设的核心问题。关于道德课堂建设，在"道德课堂十八条"中有明确具体的要求，不再赘述。在这里我着重强调两个问题：

一是恪守教学之道，即先研究课程，再研究课堂。课程是学校教育的心脏。没有了课程，也就没有了学校教育。学校教育，有两个基本点：一是课程建设，二是课堂建设。学校的课程建设，首先是国家课程的校本化（生本化）有效实施，其次是校本课程的合理开发。关于校本课程开发，需用专门时间进行专题研究。今天，只谈国家课程的校本化有效实施问题。我一贯认为，先有了目的地，才会考虑选择到达目的地的方式，从而才会产生路程（过程）。课堂教学，先研究让学生学什么、学到什么程度，然后才研究让学生怎么学。过去，我们在研究教材教法方面倾注精力比较多，对课程研究比较少。这就是我们为什么要把一年一度的"教学工作会"改为"课程与教学工作会"的重要原因。虽然今年的会议并没有涉及太多的课程问题，但是，这是一个导向。今后此类的会议，既要研究课程，又要研究课堂。国家课程的校本化实施，其实质就是国家课程的校本化开发（二次开发），也就是各学科的课程建设。其实，2007 年以来，我们一直把加强"学科课程建设"作为全市各学段、各学科校本教研的重点工作来抓,提出了学科建设的"五三二二"的基本要求,把"细化解读课程标准,整合学材,根据'学情',科学设置课堂学习目标"作为校本教研的第一要务,把"课堂的改革与创新"作为突破口。我们之所以有了今天的成效,就是因为我们在一定程度上抓住了学校教育的两个基本点。"细化解读课程标准"既是研究课程的第一步,又是教学工作第一步,也是教学工作的常规,更是教师的教学基本功。"细化解读课程标准"的成果之一,就是有效地编制和使用学科课程纲要,让我们的每一位教师对本学期让学生学什么、学到什么程度,本学期、本册课本的知识点、能力点、价值观点,学习策略和方法的选择,评价策略和方法的把握与使用等,都做到心中有数,增强课堂教学的目的性和目标性。这就是我们这几年大力推进编制和使用学科课程纲要的原因所在。新课程的教学,是基于课程标准的教学。先研究课程,再研究课堂,既是教学之道,也是教学之德。

二是把握学科教学的精髓和灵魂。从今年秋季,开始使用的新的义务教育课程标准,要求课堂教学要从"双基"走向"四基",即"基本知识、基本技能、基本思想、基本活动经验",增加了对"学科思想、学科方法"的教学要求,这是落实"三维教学目标"的必然要求。知识、思想和能力是学科教学的三大要素,学科思想则是学科教学的精髓和灵魂,它在很大程度上决定了学生知识储存和能力发挥的状况,同时在学生以后的学习、生活和工作中发挥着重要作用。因此,推进有灵魂的教学,当是道德课堂建设的必然选择。

学科思想是形成学生情感、态度、价值观的重要因素,是赋予学生"价值生命"的营养要素。"基本知识、基本技能"的教学,是单一目的的浅层教学。教学的终极目标,不只是让学生单纯地获得知识,而是让学生获得知识背后的"知识",即学科思想、学科方法。有"灵魂"的教学,是基于学科思想、学科方法的教学,即教师在学科思想、学科方法的指导和统领下,突破过去以"双基"教学为单一目的的浅层教学,以知识学习为手段,让学生在获得知识的过程中,领悟并获得学科思想、掌握学科方法、提升学科能力、促进人格健全与发展的深入学科本质与核心的教学。有的同志会说:基于课程标准的教学,推进有灵魂的教学,基于学科思想、学科方法的教学,名词太多了,关系混乱了。我认为不混乱,关系很清楚!一个好的学科课程标准,一定很好地体现了学科思想、学科方法。突出"基本思想"的教学,是新课程标准的要求。基于课程标准的教学,就是基于学科思想、学科方法的教学,就是把握学科精髓和灵魂的教学。推进有灵魂的教学,就是基于课程标准的教学;就像"道德课堂",就是新课程所倡导的新课堂一样,是郑州的老师们的理解和认识,它所体现的是区域性。

过去,我们经常听到的一句话就是:"学生在老师的带领下遨游在知识的海洋中。"它所体现的是教师的责任心、辛苦的程度和"蜡烛"精神。只要不考试,教师就有永远讲不完的知识,学生就永远有做不完的习题。现在仔细想一想,我觉得它所体现的是教师的无能!是否真的有那么多知识需要教师不辞辛劳地讲解?是否真的有那么多习题需要学生不厌其烦地训练?究其原因,就是中小学学科教学普遍忽视了学科思想、学科方法的教学;强调知识的教学,却又使学生的知识学习陷入庞杂、零散而缺乏整合;强调解题技巧的训练,却又使学生的技能学习停留于浅表、机械的水平而缺乏创造。事实上,谁把握住了学科思想、学科方法这一精髓和灵魂,谁就能举重若轻地组织教学;谁缺乏对学科思想方法的把握,谁就只能被迫陷入学科知识的汪洋大海之中,面前总有讲不完的知识和练不完的习题,只能使教学这一智力劳动、智慧劳动沦为重体力劳动。

如何以学科思想、学科方法(学科的本质和核心)来整合学科知识体系,解决知识和学生学习内容的"过量"问题,实现学科教学内容

"量"的压缩和"质"的精选,切实减轻学生不必要的课业负担,促进学生探究性学习能力、创造性思维和学科素养的提升和发展,是深化课堂教学改革、推进道德课堂建设,必须正视和认真研究解决的一个重大课题。

关于道德文化

学校育人,实质上是用文化育人,以文化人。一所学校与另一所学校培养出来的学生气质不同、品位不同,其实质就是学校的文化生态不同、文化品位不同。文化是一种精神财富,是一种氛围,是一种气场,是一种生态,是一种价值取向。学校的文化建设,其实就是一种价值追求,一种关系的改善,一种行为习惯的养成。道德文化,我觉得就是:符合教育的道德标准的文化,符合教育的育人宗旨的文化,符合教育的自身规律的文化。

做校长、办学校,你的价值追求是什么?仅仅是签字权吗?仅仅是教师的管理权、教师命运的决定权吗?仅仅是局外人眼中的名誉、地位吗?你要把你的学校办成一所什么样的学校?你要把你的教师队伍带成一支什么样的队伍?从你的学校走出来的学生应该是什么模样?个别完中的校长,因为担心初中的优秀生源流失而放弃对初中的管理,符合不符合教育的道德标准?符合不符合教育的育人宗旨?符合不符合教育的自身规律?这些都应该是做校长的认真思考和解决的问题。做校长的,你的事业心怎样?专业水平怎样?能不能身先士卒?上没上过教学楼?校长可以管住教师的手,也可以管住教师的腿,经过努力还可以管住教师的嘴,但是永远管不住教师的思想。校长的一言一行,一举一动,教师都在观察、都在思考、都在判断!是不是发挥了思想引领、人格引领、"时尚"引领的作用?每一位教师都有自己的情感、态度和价值观。校长的言行，体现的是校长的价值观。校长的价值追求决定着校长的教育行为，决定着与教师关系的和谐程度，决定着教师群体的行为习惯，决定着学校的层次品位。这就是"校长文化"！这就是校长之道，更是校长之德！

做教师、培养学生，你的价值追求是什么？仅仅是学生分数册上的数字与自己的奖金发放册上的数字的同比攀升吗？仅仅是为了自己的职称、职级和职务升迁吗？有的教师，一个学期不撵走几个学生，觉得是自己没能力，心里不舒服，这是不是严重的道德缺失？有的教师不认真上课，课堂上应该学习的内容，放学后到补习班再讲；有的教师甚至带着全班学生和校长捉迷藏、打"游击"，在校外租地方集体有偿补课。这是不是严重的道德缺失？有的教师逼迫学生和家长写放弃参加初中毕业考试和中招考试的声明，甚至瞒着学生和家长替学生写放弃声明，这又是不是严重的道德缺失？教师所用的教育方式，是不是与我们的教育目标南辕北辙？教师与同伴的关系、与学生的关系、与家庭的关系和谐程度如何？几者的关系，到底应该是一种什么样的关系？教师可以管住学生的手，也可以管住学生的腿，经过努力还可以管住学生的嘴，但是永远管不住学生的思维活动。教师的一言一行，一举一动，给学生施加的是不是"向善向上"的影响？每一个学生都有自己的情感、态度和价值观。教师的言行，体现的是教师价值观。教师的价值追求决定着教师的教育行为，决定着与教师同伴、学生、家庭关系的和谐程度，决定着学生的行为习惯，决定着学生的层次品位和生命的境界。这就是"教师文化"！这就是教师之道，更是教师之德！

关于道德评价

评价是一种价值追求。评价引领发展，评价促进发展。但是，评价不当，只会制约发展。评价所体现的是质量观。我一贯非常固执地认为：学生向教师学习，一学做人，二学学业；教师教学生，一教做人，二教学业。教学质量，首要的是学生的做人质量，其次才是学业质量，第三还应该包括学生的身体质量和生命质量。父母给予学生自然生命，教师和学生的父母一起要给予学生"价值生命"。教学质量，理所应当地涵盖着学生的身体质量、生命质量和学生的生命境界。但是，我们的一些学校、一些人"以分数论质量"的观念还根深蒂固。目前，我们的评价还存在着一些弊端：一是理念陈旧、标准单一；二是技术落后；三是方法上存在着非科学性和不公正性。评价还没有体现出与培养目标的一致性，还没有凸显"以人为本"、尊重每一个学生的教育理念，还有悖于教育规律。因此，可以说目前的评价还存在着一定程度的道德缺失现象。由此说来，我认为道德评价，应该是体现出与培养目标一致性的评价，凸显"以人为本"教育理念的评价，科学的、客观的、公正的、体现教育规律的评价。

　　道德评价要求我们树立正确的教育质量观。学业质量是教育质量的重要标志，但不是唯一的标志。单就学业质量来说，也不是仅仅以分数的高低为标志。为了从制度上扭转"以分数论质量"的局面，去年，我们加入了教育部基础教育课程教材发展中心"中小学生学业质量绿色评价指标体系"项目实验，依据学生学业水平指数、学生学习动力指数、学生学业负担指数、师生关系指数、教师教学方式指数、校长课程领导力指数、学生社会经济背景对学业成绩的影响指数、学生品德行为指数、身心健康指数和跨年度进步指数10个标准，对市内八区小学四年级和初中八年级8万余名学生的学业质量做了一次全方位的符合"促进人的全面发展"理念的"绿色体检"。"健康状况"，朱慕菊司长、刘坚主任以及他们的专家团队，于今年5月份已经给我们反馈到了各学科教师。刚才，周文胜主任也进行了较为详细的分析。仅就"学业水平指数"来说，郑州市高于"全国常模",但是,教师和学生的"付出"也高于"全国常模"。这说明我们还是"高碳、高消耗",与道德课堂所倡导的"低碳、高效"还有距离,与"绿色指标体系"的要求还有距离,道德课堂建设水平还需要提升。

今年10月18—19日,我们将继续进行"绿色体检"。这是郑州教育的"健康体检"项目,旨在诊断、改进、提升,其生命力在于真实、客观。期望各区、各学校高度重视,精心组织,"健康运行"。

从今年的高中一年级开始,我们将在教育部基础教育二司和课程中心的指导下,与大连现代学习科学研究院合作,进行"增值性评价"项目实验。增值性评价,是指学生在学力、生活、情感、社会性发展等方面,在通过接受一定阶段教育后,在各自起点或基础上进步、发展、成长、转化的"幅度",并以此对学生个体发展和学校效能进行价值判断的评价方法。这种评价方法,尊重差异,注重起点,关注过程,强调发展。运用这种评价方法,有利于促进学校间的公平比较,使不同生源质量的学校找到有效促进学生学业进步的办法。

24日上午,大连现代学习科学学院王允庆院长带领他的专家团队,已经对市区60所高中学校的教学校长、教务主任、项目实验具体负责人进行了"基线测试"的专题培训,10月份进行"基线测试"。"基线测试"是学生学习素养、学习能力的测试,测试的结果还要与中招学业成绩进行对接、比较分析和研究,以较为准确地确定每一所学校、每一位学生的起点基线。

教育就是教人做人,使人为善,使人向上。教育之不同于教唆,教育者之不同于教唆犯,教育机构之不同于培训机构,就在于"教育"包含着使人为善、使人向上的意图和努力。只有学校向学生施加的一切影响都符合教育的这一"道德标准",才能称其为教育。

前面已经谈到,毛杰局长说:新道德教育的"新",与其说是创新,不如说是回归——回归教育的真义。我们的教育，原本就应该是有道德的教育。只是因为曾几何时，由于教育目的的扭曲、功能的异化，使我们的教育在一定程度上偏离了原有的轨道，误入了道德缺失、违道德甚至反道德的歧途。追求"新道德教育"，就是要通过"道德课堂、道德文化、道德评价"三大建设的深入推进，让我们的教育重新回到"回家"的路上——回归教育本质、回归学生心灵、回归教育道德，让我们的每一所学校都成为有道德的学校，让我们的每一位教师都成为有道德的教师，让我们的每一位学生都成为有道德的学生，让"有道德"成为我们每一位郑州教育人的追求，让我们在学生的"健康快乐成长"中，分享学生成长的快乐，静听学生生长的声音！

(在2012年郑州市中小学课程与教学工作会议上的讲话)

第二章
课程提升之道

新的课程观强调从文本课程走向体验课程,强调课程不再是特定知识的载体,而是教师和学生共同探索新知的过程。学科课程是课程,环境是课程,活动是课程,制度是课程,课堂是课程,教师是课程,学生是课程。课程是学校实施教育活动最基本、最有效的载体。

改善学习生态，提升生活质量

所谓学习生态，就是学生学习生活的环境与氛围，在学生的学习活动中学生、教师、家长的角色与关系，以及他们与学校、教育系统和社会的关系。在诸多关系中，师生关系应该是最和谐灵动的一组关系。师生关系是学校的一种文化特征，它集中反映的是一种道德关系。师生关系的和谐与否，既决定着教师和学生每一天的学习生活质量，又决定着学校的教学质量，更决定着教师和学生的生存状态和生命质量。因此，和谐师生关系，改善学生的学习生态，也就成了课程改革的首要任务。

时下，师生关系的扭曲和变异，成了社会关注的焦点；有多少人慨叹师生关系的"水火不容"。这不能不说是学校教育的悲哀！导致师生关系的扭曲和变异，既有社会的原因，又有学校的原因，还有家庭的原因，但主要原因在学校。就学校而言，既有教师的原因，又有学生的原因，但主要原因在教师。就教师而言，既有教师职业道德的原因，又有教师能力与水平的原因；既有教师教育观念的原因，又有教师心态的原因。真正"道德缺失"的教师是极少数的，绝大多数教师都存在着更新观念、转变角色、调整心态、提高水平的问题。

教人做人，使人向善，使人向上，既是教育的道德目的，又是教育的道德标准。尊重学生，关爱学生，发展学生，提升学生的生命质量与境界，既是教育的道德要求，又是教育的根本宗旨，也是课程改革"以学生的发展为本"的核心理念的基本要求。让学生不恨同学、不恨老师、不恨学校，是学校教育的最基本的道德底线和道德要求。改善师生关系，满足这一最基本的道德要求，主要责任在教师。

第一，教师要把学生当成"人"，把孩子当成孩子，满足孩子最基本的心理需要。这是为师者、传道者应该具有的基本道德。这就需要教师调整好心态，真正落实"以人为本"的要求。根据美国心理学家马斯洛的理论，人的基本心理需要有：安全的需要、友爱和归属的需要、尊重的需要。满足了孩子这三种心理需要，才会维持孩子的幸福感，孩子才会亲其师，信其道，效其行。尊重学生，爱护学生，是对教师的最基本的道德要求。爱孩子，呵护孩子，这是母鸡都会的事，何况是人。教师不能给孩子一种"伤害"的爱，而应该给孩子一种"安全、温馨"的爱。要让孩子心里有阳光，教师心里首先应该有阳光。

第二，回归教学的纯真，改善学生对学习的体验和感受。目前，尽管学生产生厌学情绪的原因是多方面的，但是教与学关系的扭曲变异是其重要的原因之一。因此，课堂上，让学生不瞌睡、不厌学、不逃学，是对教师课堂教学的底线要求。回归教学的纯真，就是"让教学回家"，回到符合规律的路上，还教学本来面目，还学生主体地位，还学生学习的主权。课堂上，让学生在获得知识、能力的过程中同时获得向善向上的情感体验和心灵感悟，促进学生的思维发展和精神成长，是最大的课堂道德。改革和创新课堂，构建有道德的课堂，把课堂还给学生，重建教与学的关系，改善学生对学习的体验和感受，把学生从"苦海"中拯救出来，是改善师生关系的第一要务。因为这既是教师的课堂能力、课堂艺术、课堂智慧和人格魅力的集中展现，又是教师职业道德水准的具体体现。

第三，展现人格魅力，用高尚道德引领学生生活。从本质上讲，教育就是"以心灵感应心灵"的过程。因此,教育应该回归学生的心灵深处。正所谓"养鱼养水,养树养根,养人养心"。养心,是教育的本质所在。

决定一个人品位和境界的,是他的胸怀和内涵;而影响一个人胸怀和内涵的,则是他阅读的数量和质量。阅读是一项贯穿人生始终的生命化实践活动,它的价值不仅在于增进知识,更在于提升精神境界和生活品质。因此,作为教师,一是既要自己读书以提高修养,又要带领学生共同阅读,和学生一起去为那书中的人物和故事而感动,从人类的道德财富中给自己、给学生找到榜样,从这些财富中为自己、为学生的心灵汲取最宝贵的营养,和学生一起去追寻那思想和生活的最高境界。二是要把自己修炼成一部值得学生一生阅读的、能让学生感动的、能为学生提供心灵营养的"圣贤之书"。"学高为师,德高为范。"捷克教育家夸美纽斯说过:"教师的职业就是用自己的榜样教育学生。"学校的教师群体应该成为值得学生终生博览的"群书",用教师高尚的道德引领学生的生活,用教师的人格魅力引领学生的成长,让校园的空气洋溢着激情与温暖,让教师的生命在学生身上得以延续与发展。

教育是一种力量,它能直击我们的心智。寻求这种力量,运用这种力量,在帮助别人的同时,也帮助自己的人,就是教师。

教育有一种责任,它应该让师生共同成长。知晓这种责任,担负这种责任,在实现"心灵"交换的同时,能让教师的生命在学生身上得以延续与发展的,就是学校。

在我们的每一所学校,都应该感受到这种力量,体验到这种责任。在推进课程改革的进程中,我们要尽快完成教师角色的重新审视,尽快完成师生关系的重新定位,重构起"平等、民主、尊重、信任、和谐"的师生关系,来创造这种力量,担负起这种责任。在教师和学生的生活质量、幸福指数、生命质量、生命境界不断提升的过程中,进一步提升学校的文化品位,实现学校的可持续发展。

使人为善，使人向上，是教育的道德目的

《国家中长期教育改革和发展规划纲要（2010—2020年）》明确提出，要把育人为本作为教育工作的根本要求。在学校层面上如何落实这一根本要求，应该是每个教育工作者认真思考的问题。使人为善，使人向上，是教育的根本目的。《说文解字》对此作过非常精辟的解释："教，上所施下所效也；育，养子使作善也。"教育必定包含使人为善、教人做人、使人向上的意图和努力。因此我们说，德育不是"工作"，而是"目的"。德育，也就是育德。使人为善，使人向上，是教育的道德目的，也是判断一种活动或影响是否属于"教育"的道德标准。满足了这种标准的活动或影响，才堪称是"教育"。在校园生活里，我们如何对学生施加以使其向善、向上的影响呢？我们觉得有三种重要途径：

一是获得知识、能力的过程中的情感体验和心灵感悟。这几年，我们一直把在学校的层面上对学生施加以向善向上影响的第一种重要途径定位于课堂：在课堂上，让学生在获得知识、能力的过程中获得向善向上的情感体验和心灵感悟。这正是新课程育人为本核心理念所倡导的：要关注人，关注人的发展，关注人的"情感态度与价值观"；正是新的课程观所要求的：从文本课程走向体验课程；正是新课程三维教学目标所要求的：课堂教学中要关注每一位学生，关注学生的情绪、生活和情感

体验，关注学生的道德生活和人格养成，努力使学习过程成为学生高尚的道德生活和丰富的人生体验，使学科知识增长的过程同时也成为学生人格的健全和发展过程；正是课程改革所要达到的目的之一：通过道德课堂的构建来改善学生对学习生活的体验和感受。在课堂上，让学生在获得知识、能力的过程中获得向善向上的情感体验和心灵感悟，促进学生的思维发展和精神成长，就是最大的课堂道德。这也正是教师职业道德水准的具体体现。

二是教师群体的言传身教。教师是课程。从《说文解字》对"教育"的精辟解释，我们会感悟到教师"所施"的重要；从"使人为善，使人向上"这一教育的道德目的，我们会感悟到教师"为善、向上"的重要；从"德育不是'工作'，而是'目的'"这一观点，我们会感悟到教师群体共同承担教育责任的重要。育德是一切教育工作最终必须落实的目的，是全体教育工作者的共同责任。淡化"工作意识"，强化"目的意识"应该是当前中小学重建全员德育机制需要解决的首要观念问题。因此，应该让每个教职员工都树立"教育学生，人人有责"的思想。细节是一种力量。每一位教师都应该十分关注细节，要使最自然的细节成为教育契机，让我们校园的空气里洋溢着激情与温暖。公平地对待每一个学生，是教师的道德底线。教师的一个微笑，改变一个学生，不乏其例。

有人这样说：教育，就是一群人领着另一群人不断追求完美的过程。向善、向上的教师这群人领着天真无邪的学生这群人不断地追求完美，可以想象这是一幅多么绚丽的图景，多么崇高的精神境界！教师群体要引领好学生群体，首要的是要解决好师德师风问题。正所谓"学高为师，德高为范"。其次要打造一种和谐向上的教师精神，催生新型的教师文化。合作，是和谐的基础；没有合作，也就没有和谐。合作，是教师文化发展的方向。合作、交流和对话理应成为教师专业生活中必不可少的方面。教师合作文化的建立，必将带来教师专业生活状态的改变，并进而提升教师专业发展水平和日常教学生活质量，对和谐同伴关系，和谐师生关系，构建和谐校园至关重要。

三是学校文化氛围的情操陶冶。环境是课程。有目的、有计划地建设校园环境，努力营造出和谐的育人氛围，应该是校长的不懈追求。学校是有思想、有内涵、有底蕴的教育场所，向他人、向社会展示的应该是她的思想和文化。一座现代的教学楼，一处园艺小品，应该凝聚着办学者的思想。教育需要一种意境和氛围，其最高境界在于不留痕迹，达到和谐之美。它不仅满足了师生群体精神文化生活的需要，更重要的是通过校园人文环境建设，达到提高学校群体文明、实施校园文化熏陶的育德功效。"一墙一角皆文化，一草一木蕴教育"，让每一块墙壁都"说话"，让每一个角落能启智，让每一分气息会传情，真正实现"美在校园，乐在校园"，应该成为校园环境文化建设的意图与主旨。

制度是课程。校园制度文化是校园的规章制度在运行中的文化积淀，它关系到校园是否处于一个理性、有序、和谐的运行状态。校园制度文化是校园公平正义的根本保证，它比较公正地调节着校园的利益关系和人际关系，它有助于化解冲突和转化矛盾，确保校园处于协调、稳定、和谐、有序的理想状态，为师生成长提供制度上的公平机制和助推作用。校园制度文化建设，要坚持"依法治校"的制度导向，努力提升学校领导的执政兴校能力；赋予师生参与学校管理的权力；引导学校以健全制度来规范和调节校园中的各种关系，确保师生在公正、有序的校园环境里潜心学习、提升素质和健康成长。

活动是课程。没有活动，就没有教育。校园活动是对学生进行教育的有效形式。学校要以活动为依托，按照实践育人的要求，以体验教育为基本途径，坚持贴近学生生活、贴近学生实际、贴近学生群体，精心设计和组织开展内容鲜活、形式新颖、吸引力强的道德实践活动。在实践活动中要突出思想内涵，强化道德要求，并与丰富多彩的兴趣活动、文体活动、节日活动等结合起来,形成一批"品牌活动",寓教于乐,满足学生的兴趣爱好,使学生在自觉参与中思想情感得到熏陶,精神生活得到充实,道德境界得到升华。

养心，是教育的本质所在

我们的教育怎么了？今天中午，翻开报纸，"9岁小学生家中服毒自杀"赫然在目："品学兼优的孩子"（该校校长语），前几天爸爸送她上学时，她就告诉爸爸说"不想去了，作业多，做不完老师不让吃饭"；该校学生向记者证实，该校存在"老师不让完不成作业的学生吃饭，甚至体罚学生"；还有学生称，写不好，不让吃，还打手，用木板打，有的打10下，有的打20下。难怪！9岁的孩子留下遗言，朝着"没有烦恼，只有快乐"（孩子的遗言）的地方而去。就在前几天，还看到过一篇报道"9岁的孩子想退休"。9岁的孩子看到爷爷退休了，不上班了，他也想退休，理由是"可以不上学，星期六、星期天可以不上补习班"（星期六、星期天，每天父母都安排孩子上4个"兴趣"班）。

中小学生厌学、逃学、"想退休"、自寻短见（"没有烦恼，只有快乐"），直至"揭竿而起"弑父、弑母、弑师。这究竟是怎么了？哪个老师不希望自己的学生都"成才"？谁家父母对自己的孩子有坏心？为什么这种令人扼腕的事时常会见诸报端？我认为，教育的极端功利化扭曲了教育的本质，背离了道德的准则。我们的中小学教育承担了本不该承担的沉重的社会压力：升学、就业、致富、做官、成名成家，这些压力通过考试、升学的途径，全部压在了中小学生和教师、家长、校长的身上。有些地方，有些学校，上学观、教学观严重扭曲，为求一分，不择手段到疯狂的地步以牺牲师生的生命质量为代价换取分数和成绩,学生、教师每天体验到的不是快乐与幸福,而是疲惫与痛苦,鲜活的生命形式被扼杀,生存状态不断恶化,违反了教育的道德标准。

我们的教育不养人、不养心,偏离教育的本质太远太远。俗话说,"养鱼养水,养树养根,养人养心"。教育是培养人的,"养心"是教育的本质所在。"浇树浇根,育人育心",也是同样的道理。从本质上讲,教育就是"以心灵感应心灵"的过程。教育之道,道在心灵。如果孩子们的心灵没有被教师感应到过,一切教育都是没有用的,教育的本质将离我们越来越远。

推进基础教育课程改革,就是要回归教育的本真。构建道德课堂的实质就是在养心,既是在养学生的心,也是在养我们教育者自己的心。道德课堂,不仅仅是研究解决课堂教学中的育德问题,也不仅仅是研究解决课堂教学行为的有效问题,而是研究解决课堂教学的德性问题、人性问题,研究解决课堂教学的目的、行为和结果的一致性问题。道德课堂要求教师,以新课程的理念,从道德自觉的高度,来重新审视自己的课堂。在教育教学过程中,秉承道德的准则,使用"合道德"的方式,在充满尊重、关怀、民主、和谐的环境中,在身心愉悦、人格健康、精神自由、生命自主的学习过程中,使学生体验到学习的愉快和幸福,获得学业进步和身心全面发展。课堂上,让学生在获得知识、技能的过程中,同时获得"向善向上"的情感体验和心灵感悟,促进学生的思维发展和精神成长,就是最大的课堂道德。这正是教师职业道德水准的具体体现。

"养心"、"育心",首先,一定要调整好心态。心态决定姿态,心态决定一个人的层次与品位。在构建道德课堂的实践中,要把"师生心理调适"当作一项基础性、常规性工作来抓,作为学校一切工作的基本出发点,把师生的心理调适到最适合的工作、学习、生活状态。需要特别强调的是：设立心理咨询室、开展心理咨询、开展心理健康教育只是"心理调适"的一部分，绝不是它的全部。师生在校园生活里，无时无刻不在接触、不在观察、不在思考、不在判断，我们可以管住师生的手，也可以管住师生的腿，经过努力还可以管住师生的嘴，但永远管不住师生的思维判断活动，管不住师生的思想。校长的能力与水平、事业心和责任感、为人处世的水平等等，无时无刻不在对教师的心理产生着影响，教师的工作态度、师德水平、课堂效果、言谈举止、一言一行等等，无时无刻不在对学生的心理产生着影响，无外乎是正面的还是负面的，积极的还是消极的罢了。我们应该给师生以正面的、向善的、向上的影响，我们所做的任何一项工作，我们的一言一行、一举一动，都应该符合教育的道德标准。

做好"师生心理调适"的责任在校长。校长，一是要善于营造一种和谐的心理环境，促进干群的和谐、教师同伴的和谐、师生的和谐，打造一种和谐向上的学校精神。这既要靠校长的人格魅力，又要靠学校文化氛围的情操陶冶。因此，校长要实施智慧管理，做善于营造和谐氛围的校长。二是要带领师生阅读。让师生从人类的道德财富中给自己找到榜样，从这些道德财富中为自己的心灵汲取最宝贵的东西，来丰盈自己的内心世界，达到思想和生活的最高境界，从而让阅读成为师生工作、学习中不可或缺的部分，甚至成为一种生活方式。

其次，根据道德课堂的要求来规范自己的教学行为。教育实践证明，教育主体的人格特征、施教方式等外显特征对学生的健全人格发展有重大影响。中小学生群体心理健康指标不容乐观的现实，不仅仅来自应试教育压力造成的长期成长焦虑，"罪魁祸首"还有教育的施行者——教育主体违反道德标准的施教方式。作为教师一定要尊重学道，遵守师道，恪守师德，建构学德；学道以行德，以道而成德。

作为教育者，一定要强化"养心"、"育心"意识，要从对学生的知识关怀转向精神关怀，从知识本位的教育转向育人为本的教育。不仅要关心学生的学业成绩，关心他们的生活状况，更要关心他们的内心世界，关心他们的情感、情绪，关心他们的精神生活，让学生在获得知识、技能的过程中，在情感、态度、价值观上得到协调发展。概而言之：我们的课堂既要合乎道德的要求，体现道德的关怀，又要孕育道德的心灵，洋溢道德的光辉。我们这些教育者，应该以人格影响人格，以智慧启迪智慧，让我们的校园真正成为孩子们健康成长的乐园。

课改的高端之为，
在"课程"二字上做文章

有人问过我，国家有学科课程标准，又有教材，那么，加强学校课程建设，你让我们建设什么？这个问题问得我好郁闷、好痛苦。尽管这是个"小儿科"的问题，却让我陷入了深深的思考。深思之后，我觉得我不应该怪罪他，而应该感谢他。感谢他能直率地提出这个"问题"，也十分庆幸他能够提出这样一个"问题"。是啊，这个"问题"弄不清楚，后边的事情怎么去做啊？课程是学校教育的"心脏"。没有课程，也就没有了学校。因此，在推进课程改革进程中，作为学校校长，必须站在应有的高度，去追求自己应该追求的境界，在"课程"二字上做文章。

如何在"课程"二字上做文章？我觉得首先应该弄清楚什么是"课程"，课程改革推进到今天这个地步，还讨论这个问题，尽管太"初始阶段"了，但是太必要了。新的课程观强调从文本课程走向体验课程，强调课程不再是特定知识的载体，而是教师和学生共同探索新知的过程。因此，可以说，课程就是一所学校提供给学生在学校期间得以获取知识、能力、人格以及学习经历等一切活动的总和。换句话说，一所学校有计划地让学生主动学习的一切活动和一切活动的全过程都是课程。学科课程是课程，环境是课程，活动是课程，制度是课程，课堂是课程，教师是课程，学生是课程。课程是学校实施教育活动最基本、最有效的载体。

因此，多年来我们一直强调的一句话就是：如果不进行课程建设，课程改革就是一句空话。

其次，必须明确课程思想，加强课程建设。 校长的课程思想，就是校长围绕学校的培养目标，对学校课程设置、课程实施、课程管理与评价的思考、认识、观点和看法。因此，确定适合新课程要求、适合学校实际的课程思想，是校长办好学校的前提与基础；加强课程建设，让教师体验、感悟、实践自己的课程思想，是校长办好学校的关键和保证。学校的课程建设，实质上是一种基于校长课程思想实践的"校本化"建设。一是国家课程的"校本化"。一方面是国家课程的"校本化"整体构想、规划和实施，另一方面是各学科课程的"校本化"实施。二是校本课程开发。校本课程开发要紧紧围绕学校的培养目标。校本课程凸显的是学校的办学特色，是实践校长课程思想的特色化课程。因此，校长应该站在"课程"的高度，来审视学校的一切教育活动，把学科的、教务处的、政教处的、团队的、学生会的等所有活动课程化，纳入课程建设规划，予以实施。三是加强国际课程交流，拓宽国际视野，提升课程水平。

第三，构筑课程文化，彰显课程魅力。 教育本身就是一种文化的传承，推进课程改革就是为了更好地实现文化的传承。课程改革不断推进的过程，实质上就是一个文化的传承与创新的过程，一个文化的不断生成和提升的过程。课程文化是学校文化的核心，是一所学校办学特色和个性发展的集中体现。因此，我们说，课程文化就是一所学校提供给学生在校期间得以获取知识、能力、人格以及学习经历等一切活动的精神产物，是学生主动学习过程中所呈现出来的所特有的价值认同与价值追求、精神富有与精神成长。明确课程思想，加强课程建设，构筑课程文化，彰显办学特色，应该是每一位中小学校长办学的基本思路和工作目标，更应该是每一位中小学校长毕生的办学追求。所以，站在文化变革、文化重构的高度来审视学校的一切教育活动,应该是作为基础教育课程改革的实践者、引领者的中小学校长,必须具备的基本素质。如果达不到这一高度,那就真的应该深深地反思了。

学校的文化建设,并不是虚无缥缈的,是可以看得见、摸得着的。不管是校长自己,还是教师和学生,每天都在体悟文化的所在,感受文化的力量。作为校长,有责任让文化浸润每一位教师和学生的心灵,让文化从高高的神坛走向粗糙的地面,从形式上的虚化走向具体而细微的日常教学生活;也必须从整体上去建构学校的各种课程资源,不仅学科课程是课程,环境、活动、制度、课堂、教师也都是课程,学生更是非常重要的课程资源,他们都是构成学校文化内涵的重要元素。作为校长,只有站在文化重构的高度去审视课程改革,在"课程"二字上做足、做好文章,才能够在更新课程观念、强化课程意识的基础上,进而提升到明确课程思想、构筑课程文化的层面上来;才能够在今后的推进课程改革的进程中,循着自己的教育理想,不断探寻和把握学校发展的文化脉络,从认识到行动,从理念到实践,不断实现新的跨越;才能够让课程展现课程魅力,提升育人品位,让课程绽放生命的活力,提升师生生命质量;才能够打造学校的文化精神,把学校办成有"灵魂"的学校。

注:此文刊于《中国教师报》。其中观点散见于前文。因此文立足课程建设专题,故原文收入文章,未作删减。

课堂，究竟该是谁的

2010年7月23日，我和河南省电教馆的几位领导一块听取了郑州市派出的15名优秀教师赴美国参加"蒙台梭利模拟联合国项目（MMUN）"培训情况的汇报。谈到培训形式时，老师们深有感触地说，"MMUN"项目的培训过程，实质上是培训教师组织指导我们自主学习、合作探究、展示的过程。培训教师从来不给我们现成的答案，总是让我们去体验和感悟，让我们自己去获取答案。这种培训形式极大地激发了我们的学习兴趣和求知欲，让我们在主动猎取知识的过程中，不仅仅理解了这个项目的培训理念，掌握了作为这个项目的种子教练应该掌握的基本规律、程序和方法，而且激起了我们涉猎更多知识领域的渴望，也为我们这个项目的教师培训、学生培训提供了成功的范例，更坚定了我们创新课堂、把课堂还给学生的信心和决心。

由此，我想到了一个问题：课堂，究竟该是谁的？很显然，课堂不是市长的，不是局长的，不是校长的，也不是老师的，而应该是学生的。新课程的核心理念是育人为本，以学生的发展为本。《国家中长期教育改革和发展规划纲要（2010—2020年）》中明确指出：把育人为本作为教育工作的根本要求。以学生为主体，以教师为主导，充分发挥学生的主动性，把促进学生健康成长作为学校一切工作的出发点和落脚点。关心每个学生，促进每个学生主动地、生动活泼地发展，尊重教育规律和学生身心发展规律,为每个学生提供适合的教育。如何落实《纲要》要求,如何让新课程理念"落地",把课堂还给学生,还学生学习的主动权,是我们每一个教育者应该认真思考并有效解决的一个重大现实问题。

学生是天生的学习者。当下,在我们的一些课堂上学生为什么瞌睡、为什么厌学、为什么逃学?这不能不引起我们深深地反思。究其原因,一是教师的"篡权",把学生的学习当成了教师自己的事情。不仅"独霸"课内,而且还想"独霸"课外;不仅"独霸"学习日,而且还想"独霸"双休日和节假日。二是教学观念陈旧,还在教"教材",而不是"用教材教"、依托"教材"发动学;没有深入解读课程标准和教材,课堂学习目标不明确。三是课堂教学模式单一,"满堂灌",把学堂变成了讲堂,教学枯燥无味,味同嚼蜡。

学生是来学习的,不是来听天书的;学生是来学习的,不是来看"戏"的;学生是来学习的,不是来看你放"电影"的。课堂上,教师不要独奏,不要独唱,不要演独角戏;要转变角色,既要当导演,又要当观众。新课程要求教师无论是课程观、教学观、教师观还是学生观,都要进行转变。新的课程观强调从文本课程走向体验课程,强调课程不仅是特定知识的载体,还是教师和学生共同探索新知识的过程;新的教学观强调从单向的知识传授走向教学互动,把单向型教学变成多向型教学,把单一体变成共同体;新的教师观认为教师是导学者而非讲学者,教师是学生学习过程中的参与者、组织者、引导者和意见交换者;新的学生观强调学生从被动走向互动,把学习的主动权真正还给学生,促进学生的思维成长和精神成长。

课程改革,改到深处是课堂。课堂是课程改革成败的关键所在。课堂成败的关键在于把课堂还给学生,还学生的主体地位,还学生学习的主权。因此,教师必须完成"六个转变":教师变学长、讲堂变学堂、教室变学室、教材变学材、教案变学案、教学目标变学习目标。必须做到

"三个读懂"：读懂课标和教材，读懂学生，读懂课堂。这是构建道德课堂教师必备的素养。

今天的课堂，你"还"了吗？这是每一位教师需要时刻深躬自问的，因为"还"字当中有对我们"道德"的考量。

先学，是一条教学规律

长期以来，人们习惯于把教学理解为：以教为基础，先教后学。教师教多少，学生就学多少；教师怎么教，学生就怎么学。这种教学关系甚至被视为天经地义、不可改变的教学规律。我并不是否认"先教后学"这种教学关系的规律性，而是否认它的"天经地义"和"不可改变"，因为它留下了一系列自身无法根治的痼疾："教"支配、控制"学"，"学"无条件地服从"教"，"教学"由共同体变成了单一体，学生的自主性、独创性缺失，主体性被压抑。教师越教，学生越不会学，越不爱学。

道德课堂认为，"先学后教"这种教学关系更是教学规律。道德课堂重视先学，主张先学后教，以学论教，少教多学。"先学"不仅仅是为了"教师顺利地上课"，不仅仅是为了学习新内容，而是为了"不需要教"、为了独立学习、为了自主发展而学，与传统的预习有本质的区别。传统的预习主要是为了"教师顺利地上课"，是一种学习方式，具有从属性。

"先学"是一条教学规律。当学生已经能够自己阅读学材和自己思考的时候，就要先让他们自己去阅读和思考，这应该作为一条规则，而不是一种可以采用也可以不用的方式，具有独立性。"先学后教"，已被实践证明是一条既能减轻学生过重课业负担，又能提高教学质量的教改之路。

第一,"先学后教"符合新课程转变学生学习方式的要求。新课程倡导转变学习方式,提倡自主、合作、探究式学习,让课堂真正成为学生自己的课堂。推进道德课堂建设,就是要变"教本"为"学本",变学生的被动学习为主动,变单纯依赖教师为自主、合作、探究。把"教"转化为"学",是先学后教的关键,其实质是把学习的主动权还给学生,让学习成为学生自己的事情,此为学习方式重建和课堂教学重建的"支点"。其核心是学习观和学习方式的变革。正是这种变革,引发了课堂教学的革命性变化和实质性进步。学习成了课堂的中心,学生成了课堂的主角,课堂成了真正的学堂。教师也找到了自己最准确的定位:促进学,即提示学、指导学、组织学、提高学、欣赏学。在这个过程中,教师的主导作用不断转化为学生的独立学习能力,随着学生独立学习能力由小到大、由弱到强的增长,教师的作用也就发生了与之相反的转变,最终实现"教是为了不教"。这才是真正意义上的"启发式教学"。"先学后教"是教学领域的一场实质性的变革,是我国具有草根性质的教育创新,是我国土生土长的教育学。

第二,"先学后教"符合新课程的实施规律。新课程的实施,首要的是国家课程的有效实施,也就是国家课程的校本化、生本化实施。道德课堂认为,细化解读课程标准,整合教材(学材),从基于学生学习的认知规律出发,科学设置符合"学情"的学习目标,是教师的基本功,是教师进行教学设计的前提条件。细化解读课程标准,整合教材(学材),科学设置课堂学习目标,实质就是国家课程的校本化、生本化开发问题,也就是国家课程在学校的有效实施问题。解读课程标准的成果即生成导学案(学案)。导学案(学案),是课堂教学的抓手,一开始是学生学习的"学步车",然后慢慢过渡成为学习的路线图和导航仪。编制导学案(学案)的实质,就是国家课程的校本化、生本化实施,核心是"教材"变"学材",有效地指导学生的"先学"。

第三,"先学后教"符合人的"实践—认识—再实践—再认识"的认识规律。"先学"时,学生运用已有知识研读文本,获得新知识,是创新性学习;研读文本后完成检测练习,是开始运用新知识,也是创新性学习;自己纠错、小组讨论纠错,再当堂训练、灵活运用知识、解决问题都是创新性学习;最后,每一位学生通过整理学案,完成自我修复,更是创新性学习。自主、合作、探究式学习过程,就是培养学生的创新意识和创新能力的过程。

苏联著名心理学家维果茨基就教学与发展问题,创造性地提出了两种发展水平的思想。第一种水平是现有发展水平(也称现有发展区),第二种水平是最近发展水平(也称最近发展区)。维果茨基强调指出,只有当教学走在发展前面的时候,才是好的教学。余文森老师说得好:从教学促进学生发展的角度讲,先学立足解决现有发展区问题,后教旨在解决最近发展区问题。这是先学后教的心理学依据。现有发展区的问题可以让学生独立解决,最近发展区的问题必须依靠教师或同学的帮助、点拨、启发、引导才能解决。从专业角度来讲,有效教学就是把学生的最近发展区转化为现有发展区,这样的教学就是有效教学。而先学就是解决现有发展区的问题,后教就是解决最近发展区的问题,就是在教学中教师和学生各司其职、各负其责。

第四,"先学后教"符合循序渐进、因材施教、分类教学的原则。先学时,学优生、学困生都在根据导学案(学案)研读文本、做练习,学优生学会了、做对了,学困生还没有学会、还没有做出来,或者是做错了;后教时,通过学优生帮助学困生纠错更正,达到兵教兵、兵练兵的目的;再经过老师的点拨指导,学困生的问题在同学、老师的指导帮助下,当堂基本得到解决,补了差。同时,学优生在帮助学困生解决疑难问题的过程中,对当堂所学知识又加深了理解,提高了能力,达到了培优的目的。

郭振有先生曾这样评价：先学后教，辩证地处理了教和学的关系，把学放在首位；处理了学生和教师的关系，落实了学生的主体地位；处理了先和后的关系，是先学。

我非常赞同余文森老师的观点：当学生不具备独立阅读文本和思考问题、依然处于依靠教师的学习阶段，必须先教后学，以教导学。教的着眼点是为了不教，学的着力点在于自主、独立学习，教师要致力于教学生学会学习，把教转化为学，把教师的教学能力、分析和解决问题能力转化为学生的独立学习能力，以完成从"先教后学"到"先学后教"的转变。

小组合作学习，
是学生社会性发展的需要

课程改革推进之初，就有一位专家说过：如果学生学的方式没有转变，教师教的方式没有转变，就等于没有进行课程改革。这句话的确说到了课程改革的核心之处。新课程和道德课堂倡导转变学习方式，提倡自主、探究、合作式学习，增加课堂上学生参与分组讨论、全班交流、充分表达和展示自己的机会，让课堂真正成为学生的课堂。随着学习方式的转变，教师教的方式也应该发生相应的转变。课堂上，教师的主要任务是有效地指导学生小组合作学习。

小组合作学习是在班级制授课背景下的一种学习方式，即在承认课堂学习为基本教学组织形式的前提下，教师以学生学习小组为重要的教学组织手段，通过指导小组成员展开合作学习，发挥学生群体的积极功能，提高学生个体的学习动力和能力，达到共同达成学习目标的目的。倡导学生小组合作学习，在于改变过去的旧课堂教学师生单向交流中，教师整体垄断课堂的信息资源，而学生处于十分被动的局面，促使学生的主体性、主动性、创造性得以充分的发挥。

小组合作学习，是学生社会性发展的需要。学生的社会性发展，指的是学生在与社会生活环境相互作用中掌握一定社会规范，形成一定社会技能，学习社会角色，获得社会性需要，发展社会行为，并以独特的个性与人相互交往，相互影响，适应周围环境，由"自然人"发展成为

"社会人"的社会化过程。

第一，小组合作学习，是培养学生社会适应性的需要。当学生进入班集体时，就已经进入了一个特有的"小社会"，他们必须在集体中发挥个人的能动性，在接受集体的帮助和服务集体的活动中，使自身得以发展与提高，从而适应这个集体。小组合作学习，首先使学生在小集体中相互适应，通过适应这个小集体，逐步过渡到适应大集体，从而培养学生的社会适应性。

小组合作学习，为学生创造了相互认识、相互交流、相互了解的机会。小组成员相互成了好朋友、好伙伴，一起学习，一起活动，都感受到自己与这个可爱群体的相互依存性，从而增强学生的合群性。合群性是人的社会适应性所必备的基本素质。

小组合作学习，有助于学生形成善于听取别人意见的好品质。人要适应社会，能与别人密切交往，其中很重要的一点就是对他人能热心帮助，真诚相待。小组合作学习，会使学生体悟到：要想使自己在学习上有所收获，必须做到小组内的每一个成员相互帮助，相互取长补短，虚心听取别人的意见，从而培养小组成员善于相互倾听别人的意见，帮助本组成员共同提高的好品质，成为他们在适应社会中所必备的基本品质。

第二，小组合作学习，是培养学生合作意识、合作能力的需要。当今的孩子聪明、见识广，有很多父辈们所不及的优点；但也有不少弱点，其中"不关心他人，不会合作共处"是致命弱点。学生的社会性发展靠学生同伴之间合作，学生的合作靠教师的指导和引领。

小组合作学习，有助于培养学生的合作意识，增强学生的合作能力。学生们要解决疑难问题，就必须合作；要在展示中胜过其他小组，也必须合作。学习小组成员之间，从合作学习到合作做事，随着时间的推移，学生的合作意识会不断地增强，从而产生合作的动力，提升合作的能力。

小组合作学习，有助于培养学生的团队意识。团队意识和团队精神，是合作学习、合作共事的前提。课堂展示以学习小组为单位，考核评价一般只评价到学习小组，不评价到个人，个人的努力会增强团队的实力，团队的水平代表着个人的水平，因此，学生会很重视个体对团队的作用。学习小组之间既互为学习伙伴，又互为竞争对手，在竞争中合作，在合作中竞争，随着学习水平、合作水平的不断提升，团队意识、合作意识、合作能力也在不断提升。

竞争、合作与学生社会性发展有着密切的关系。竞争、合作学习作为一种重要的教学思想和教学形式，有利于促进学生社会性健康、全面地发展。

第三，小组合作学习，是培养学生自主性、独立性的需要。一个社会化程度高的人，首先是一个自觉能动性、自主性和独立性比较强的人，对事物有着自己独到的思维与见解，敢于发表自己的意见。小组合作学习，并不是所有的学习活动都要大家一起进行，而是建立在"独学、对学"基础上的"群学"，学生不等不靠，积极主动学习，学着自己解决问题，学着寻找解决问题的方法和途径，以形成自主学习、独立思考、积极主动做事的好习惯。

课堂展示，因人分工，各显其长，每个人都有自己的任务，每个人都会展示自己的特长：书写工整的，可以板书；朗读水平高的，可以朗读；口齿伶俐的，可以讲解；思维敏捷的，可以帮助解决疑难问题；人人参与，人人展示，参与中找到自我，展示中树立自信。学生"自尊、自信"的心理需要得到了满足，自主性和独立性就会不断地增强，自主学习、独立学习的能力就会不断提升，"自尊、自信"的心理需要就会持续不断地得到满足，团队意识与团队精神、合作意识与合作能力就会持续不断地得到提高。

小组合作学习有利于促进学生的社会性发展和健康个性的养成。社会心理学认为，人的心理是在人的活动中，尤其是在人和人之间相互交往的过程中发展起来的。小组合作学习提供了小组成员之间合作的机会，增加课堂上学生之间合作、互助的频度和强度，从而有力地促进学生社会化程度的不断提高。

因此，我们不能把"小组合作学习"仅仅视为是学生学习方式的变革，而应该把它视为是学生成长方式和发展方式的变革，更应该视为是学生思想方式的变革。正是这种思想方式的变革，才能促进学生正确价值观的形成，促进学生的社会性发展和健康个性的发展。这正是新课程三维教学目标所要求的：让学生在获得知识、获得能力的过程中掌握学习的方法，同时在情感、态度、价值观方面获得协调发展。

课堂展示重在效果

  展示是道德课堂的重要环节，是检验和评价学习效果的核心细节，是解决学生学习内驱力的金钥匙。因此，道德课堂主张人人参与，个个展示，突出学生的"展示性"学习。

  何谓展示？展示就是学生在"先学"的基础上，将"独学、对学、群学"的成果用适当的方式展现、示出，从而检验"先学"的效果。展示绝不是"先学"的简单重复，而是学习成果的"发表、暴露、提升"。如何让课堂展示成为课堂上师生共同创造奇迹，唤醒各自沉睡的潜能的时空，点燃学生智慧的重要抓手，让课堂展示在课堂教学中呈现高效，避免出现"为了展示而展示"的现象，是一个非常值得关注的问题。

  展示的内容在于"精"。课堂上交流展示的内容必须是学生深入探究的问题，无论是组内展示（小展示）、还是班级展示（大展示）都必须明确"展示是提升"，绝不是各小组对导学案上问题答案的重复性讲解和统一答案，也不是把导学案上的内容照搬到黑板上，应该展示本单元、本学时的重点难点，应该是组内或全班带有共性的问题、易错的问题，要突出展示的问题性。展示哪些问题，这些问题如何展示，展示到什么程度，需要展示的问题如何分配，每一个问题按照什么方式或思路展示，在课前都应该有适当的预设。每一个问题都有它的教学价值，只是展示的程度需要教师掌控，有些问题只需要一带而过，有些问题却需要深入追究，这样才能突出重点，突破难点，不可平均用力，泛泛而谈。

课堂展示，既可以是疑难求助，又可以是对话交流，还可以是质疑对抗，要体现出展示的互动性。教师要引导学生重点展示自己独特的思考和发现的一些规律性东西，包括学习方法总结、学习的新发现、新感悟等，体现展示的创生性和必要性。

展示的形式应该"多元"。课堂展示可分为静态展示和动态展示。静态展示，即学生经过小组讨论后将需要展示的内容抄写在黑板上；动态展示，则是学生互动交流过程中的展示，这个过程展示的是学生的语言组织和表达能力、面对其他同学提出问题后的应对能力以及相应的形体和行为表演等，它需要学生对所涉及的问题有比较全面而深入的思考，它反映了学生的思维敏捷性及其课前准备得是否充分。

展示方式有：书面展示（抄写）、口头展示（语言）、行为展示（表演）。书面展示，要求能将展示的内容条理化，能较好地反映问题的要点和逻辑关系，便于其他同学阅读和理解题意、解题过程；口头展示要求在讲解、讨论和交流的过程中能用简洁、流利和通俗的语言表达自己的思想，能选择较好的切口阐述自己的观点；行为展示则是希望通过适当形式的表演，说明一些简单的道理，让学生了解问题的实质。

在改革课堂，推进课堂展示的初始阶段，学生出于新奇，对这样的课堂能表示出较高的热情，时间长了，新鲜感没了，热情就会减退，势必影响课堂效果。因此，教师设计多元化的互动形式，激发学生的展示兴致就显得格外重要。

展示的氛围应该悉心"营造"。课堂上要让学生"敢于展示，会展示"，就要为学生悉心营造一种尊重、民主、和谐、安全的课堂氛围。让学生"敢于展示"，就需要教师秉承道德的准则，使用"合道德"的方式，保障学生的话语安全和人格安全，在身心愉悦、人格健康、精神自由、生命自主的学习环境和学习过程中，让学生充满强烈的表现欲，让学生体验到展示的愉快和幸福。只有这样，学生才会有感而发，敢于表达，展示才能真正成为观点的交流、智慧的碰撞。

让学生"会展示"，一方面需要在老师的指导下，让学生找到带有普遍意义和近似性的"问题"进行展示，让学生找到容易出现歧义的或者核心的知识问题才拿出来做展示；另一方面，则需要教师教给学生必要的展示技巧，比如利用图表比数字更直观、更形象具体，利用表格展示更易于让人对相关的数据产生对比等。所以，在教学过程的展示环节，尊重学生的心智发展水平，营造良好氛围，在诱导学生展示，激发学生的积极性和创造性方面有着不可低估的作用。

教师的"使命"不可缺失。课堂展示的效果如何，还有一个关键因素就是学生手中的导学案，它既影响着学生自主学习、小组合作探究的效果，也影响着课堂展示和师生互动的效果。教师编制的导学案，要为学生提供有价值的内容，使学生有话可说、有话好说。因此，导学案中设计恰当的问题非常关键。教师要认真修炼课堂驾驭的内功。导学案是教师驾驭课堂的真正抓手，课堂上，教师需要做到：一是选择重点问题作重点讨论，不要平均用力，简单容易的问题一带而过，突出重点，解决难点、疑点。二是不要轻易打断学生的展示，教师的打断会使学生茫然不知所措，从而影响交流的效果并且耽误时间。三是作为课堂互动的一员，教师应当在适当时候通过提问或追问的方式给出你的问题让学生讨论回答，通过学生的讨论和回答实现你的教学意图。四是对学生的展示要给予适当的评价。评价是无形的激励，恰当的评价能促进学生课堂展示水平的提高，它直接影响到学生课堂展示的积极性和课堂教学的效果，多给学生鼓励，多用赞美的语言，多用欣赏的眼光鼓励学生积极参与。

课堂反馈引领学生成长

课堂反馈是道德课堂学习流程的重要环节，是检测学习效果、调整学习策略、组织后续学习、课堂生成提升的关键环节，课堂反馈评价应该引领和促进学生的健康成长。

根据反馈原理：一个完整的学习过程，包括学习者吸收信息并输出信息，通过反馈获得对学习成果的评价。课堂反馈是师生之间、生生之间多向信息交流的过程，是优化学习过程，实现教与学和谐统一的必不可少的环节，它贯穿于学习的全过程。教师要善于搜集和捕捉学生学习的信息，时刻把握学生学习的状况。"课堂应是向未知方向挺进的旅行，随时都有可能发现意外的通道和美丽的图景，而不是一切都必须遵循固定线路而没有激情的行程。"（叶澜语）

课堂反馈评价应该具有激励性。实践证明，肯定的评价是极具激励作用的。但斯塔弗乐比姆指出："评价最重要的意图不是为了证明，而是为了改进。"同样，课堂反馈评价时给予学生的肯定也不仅仅是传达一个"你回答正确"的信息，还要让学生知道，"你为什么对了"，"怎样做你能更好"。每个学生都渴望得到赏识，善意期望和热情激励是取得良好反馈效果的保证。教师恰当地运用激励性评价，能使学生产生浓厚的学习兴趣和积极向上的学习态度，从而增强学生学习的积极性和主动性。自然学科相对其他科目来说，确实比较枯燥乏味一些，因此教师的激励性评价显得更为重要。教师激励性的言语、详尽的反馈以及公正的评价，不仅促使学生更加主动地探索、学习，而且增强学生自我反馈和评价的积极性。

课堂反馈评价应该具有艺术性。单一的反馈形式和评价方法，在短时间内可能效果不错，但时间久了，学生便会慢慢地失去兴趣，不利于调动学生学习的积极性。因此，课堂上要注意呈现多样化的反馈形式。通过课堂观察、课堂提问、课堂练习来获取信息反馈的同时，还要根据问题的不同、学生的不同，设计多种形式的反馈来激发、调动学生的学习热情，为所有学生创造更多参与、展示的机会。课堂上，教师要及时从学生的神态、表情、动作中，捕捉到学生学得是否明白、是否轻松、是否产生浓厚兴趣的反馈信息，及时调整课堂学习策略。由于知识、经验、思维的差别，在学习活动中，必然会出现一些"错误"甚至"荒谬"的情况，教师不要轻易"否定"，要善于捕捉有价值的信息，并予以放大、点燃。教师幽默风趣的语言能化解课堂上的尴尬，让学生在开怀一笑中，受到智慧的启迪。教师要以正确的价值取向引导偏差，有时候简单的一句话，就为学生点明了正确的价值取向。

肢体语言及其他个性化的表达形式。有经验的教师在教学中大多会形成自己特有的个性化的表达方式，有的教师善于借助眼睛，有的教师善于运用手势，有的教师会与自己所教的学生形成师生之间独特的"口头禅"等。对教师个性化的表达不要简单地否定，而应在科学分析的基础上进行取舍。

眼睛是心灵的窗户。通过眼神交流，教师可以从目光中知道学生掌握的程度。底气不一样，目光不一样；要求不一样，目光不一样。教师发现学生眼神不对，可以通过合理途径来及时矫正，要反对个别教师只顾自己上课不问学生情况的低效教学行为。学生通过教师的眼神可以了解教师的想法，调整自己的学习状态。

手势也是反馈的重要形式。竖起的大拇指是对学生的肯定和表扬，对准某一学生的食指则表明对所指学生的提示，背后轻轻地一拍表明一种支持和理解，紧握的拳头表达的是一种团结进取的愿望。强烈的手势配以铿锵有力的语言，对肯定性的评价、表扬性的语言能烘托出不一样的氛围，让学生为之一振。无奈、无力的手势加上悲观的表情应该是教学的忌讳。

　　还有的教师在长期的教学生涯中形成了自己特殊的"口头禅"，在师生之间特定的亚文化圈中形成默契，有的表示肯定，有的表示否定，有的表示表扬等，只要有利于学生成长，只要有利于课堂的有效反馈和生成，只要有助于提高课堂的有效性，我们就不要简单地反对。

　　引领和促进学生成长的反馈和矫正不仅仅是教学技术问题，其中还蕴藏着无尽的教学艺术。教师应该做实反馈和矫正，提升教学艺术，展现课堂智慧，丰富课堂内涵，发展学生，成就自己。

　　课堂反馈评价应该把握生成性。教育家杜威说过："每一个儿童来到学校的时候，除了怀有获得知识的愿望外，还带来了自己的情感和感受的世界。"每个学生都有对这个世界独特的感悟与理解。课堂里，教师能够经常听到一些不一样的声音，这些声音可能与"参考答案"有出入，也可能与学材有冲突，甚至可能是课堂教学顺利进行的羁绊。可就是这些声音，让我们看到了不同的学生，感受到了不同的思维。如果珍视这些意外的声音，积极地、智慧地给予反馈，点石成金，可让意外生成精彩。

　　当课堂上不预期地出现了"意外"的声音，有的教师为了保护课堂的预设性，往往会敷衍过去。教师必须认识到，不同的学生有不同的体验和感受，出现不同的声音，是太正常不过的事了。教师要善于捕捉生成，保护课堂"意外"，巧妙地处理"意外"。尊重每一个学生，不要遏制他们的想法，也不要简单否定，可以顺着学生的思维追问下去，或者带领学生换一个角度思考，或许可以把学生带入另一个精彩世界，也许比预期的还要来得精彩。面对每一个课堂意外中生成的插曲，是让它变成批评学生的缘由，还是利用这次"意外"，将它转换成课堂的一个亮点，提升课堂的生命力，促进学生的思维发展，引领学生的健康成长呢？这是对教师的人品和学识、课堂能力、课堂艺术、课堂智慧的考量！

一个好教师，必有强烈的信息反馈与评价意识，并善于敏锐地、及时地搜集和捕捉学生学习的信息，发现学生学习的证据，基于事实作出判断，或给予积极的回应，或进行适时的点拨，或激发思维的活性，或辅以价值的引领……

让班级学习细胞跳动起来

班级是学校的细胞，是学生获得知识、健全人格、社会性发展的场所；学习小组是班级学习的细胞，是学生学习的一级组织；每一位学生都是组成小组、班级的美丽的细胞。学习小组建设，作为道德课堂的三大支撑体系之一，随着道德课堂建设的深入推进，如何真正让学生的行为、认知、情感参与到小组合作中来，使班级学习细胞真正跳动起来，使合作学习具有实效，这应该是教师们十分关注和要研究解决的问题。

第一，要构建结构合理的学习小组。道德课堂的合作学习是以小组为基本单位进行学习活动的，构建合作学习小组是进行合作学习活动的组织前提。首先，要遵循"同质异组，异质同组"的原则，根据学生的性别、学业成绩、学力水平、个性特征、家庭背景等方面的不同情况合理划分学习小组，使小组成员之间具有一定的互补性和个性化，为组内互助合作和小组间的公平竞争奠定基础。其次，要合理分工，明确职责。组长是一组之魂，选一名成绩好、责任心强、有一定组织能力的学生担任小组长，负责全组的组织、分工、协调、合作等至关重要。教师不仅要善于发现具备这些能力的学生，而且应该注重培养学生的这些能力，这是培养学生领导才能的起点。小组长不一定是组内学习成绩最好的学生，却一定是各方面能力最强的学生。每个小组还可以设立若干个学科组长,根据小组成员各自的意愿和学科特长挑选担任,既可以增强小组成员参与管理小组的意识,又可以增强他们的团队意识和责任意识。当然,还可以根据不同活动的需要设立不同的角色,比如记录员、协作员、汇报员等等,各小组成员既要积极承担个人责任,又要相互支持、密切配合,发挥团队精神,确保合作小组有效运转。

第二,要做实小组成员的学习培训。一是学习规范的培训:包括学习流程、课堂发言、作业要求、合作规则等等,让学生熟悉和掌握学习的每一个环节和基本要求。二是团队意识和互助意识的培训:要通过一些具体的实例和活动,让不同质的学生都体验和感悟到团队和互助的重要,以强化团队意识和互助意识。三是组长的培训:首先要明确小组组长、学科组长和小组内不同角色各自的责任和作用,并且指导他们如何开展各自的工作。其次要定期召开小组组长和学科组长会议,交流和分享经验与体会,共同寻求有效的管理方法;召开组长会议的时候,班主任要尽可能到场倾听,对于一些好的做法要适时地予以肯定、表扬和激励,同时对于一些疑惑要加以点拨和指导。

第三,要促进小组学习的有效合作。一是要摒弃形式主义,充分发挥教师的主导作用。教师要深入小组,参与学习活动,了解小组学习的进程和质量,对出现的问题进行指导,帮助学生掌握合作学习的方法和技巧。二是要制定恰当的小组合作学习目标。教师要遵循循序渐进的原则,制定恰当的学习目标,既不能太高,也不能太低,要有利于保护和激发合作学习的积极性。既要有小组目标,又要有成员个人目标;要从教师为小组制定目标,逐步过渡到学生参与制定目标,甚至学生合作或独立制定目标。三是要选择适当的合作学习时机。合作学习是课堂学习的一种重要方式,但不是唯一的方式;并不是所有的内容都适宜合作学习,不一定每节课都要进行小组合作,也并非所有的学习目标只有通过小组活动才能达成。教师要根据学习内容、学生实际和学习环境条件等,选择有价值的内容、有利的时机和适当的次数让学生进行合作学习。四是要关注学生的有效参与。既要关注学生的参与度，又要关注参与的有效性。小组合作学习，在确立学习目标的前提下，对具体要解决的问题，要有明确的分工，让每个成员都有相对侧重的一项任务，担任一个具体的合作角色，使每个成员获得愉快的学习体验。展示和反馈的环节，要根据不同的学习内容、学习目标和展示、反馈的不同形式，让不同质的学生轮流参与。

第四，要强化学习小组的文化建设。小组文化是小组成员在小组学习活动中的精神产物，是成员在合作学习过程中所呈现出来的特有的价值认同和价值追求、精神富有和精神成长。小组文化的基本内容包括响亮而积极向上的组名、醒目而富有含义的组徽、富有警示作用的组训、简洁而有针对性的组规、短期和长期的奋斗目标、明确而细致的职责分配，以及各小组根据本组实际开发的其他内容。这些内容由小组的所有成员参与设计，将小组文化制作成标志牌置于小组桌面，一方面展示各组的风采，另一方面也起到提醒作用。标志牌鼓励手工制作，体现个性。例如组规的制订，可以由那些平时经常完不成作业或者纪律性不强的学生，去制订组规，大家讨论通过，这样对他们就具有很强的约束力。

第五，要建立学习小组的评价激励机制。教师的评价对激励学生参与活动，提高合作学习质量有着十分重要的作用。因此教师的评价一定要有激励性、针对性、指导性和全面性，既要重视个人评价，又要重视小组集体评价，还要重视学习过程与学习结果的评价。同时，对学生的学习态度、学习习惯、合作学习的参与程度、积极性、创新性等也要给予恰当的评价。要把"不求人人成功，但求人人进步"作为教学所追求的一种境界，着力点放在争取促进学生不断进步与自我完善上。学生只要是跟自己过去比，能力有所提高，就应该给予肯定和表扬。除了教师的评价之外，还应该有学生的自我评价、小组内的评价和小组间的评价，使评价主体多元化。对学生的日常行为也要进行评价。

　　班级学习小组建设，实质上是班级小组文化建设。只要学习小组结构合理、做实学习的相关培训、健全评价激励机制，就一定能促进学习小组有效合作与有效学习，促进"学习有组织，组织人人学，人人组织学"良好局面的形成，就能激活班级学习细胞，让班级的学习细胞真正跳动起来，学生学科知识和学科学习能力增长与提升的过程，就一定会成为学生的人格健全和发展的过程。

学科德育不是渗透

过去，我们一直有一种说法叫作"抓德育，要抓学科渗透，抓课堂渗透"。我们认为：这种说法不符合新课程的要求，因而我们不赞成这种说法。我们认为学科德育不是外部渗透问题，而是本身固有的东西如何自然而然地呈现的问题。每一个学科都有自己学科的学科思想，都有"情感态度与价值观"的因素。教师应该做的是，把教材（学材）中隐含的固有的育人内容和因素挖掘出来，自然而然地呈现出来，让学生体验到、感受到，从而获得价值认同。它是教师的课堂能力、课堂艺术、课堂智慧、人格魅力的集中体现，是课堂生态、课堂文化氛围的营造，是体验与感悟，不是那种肤浅的、贴标签式的直直白白的罗列与告知。

"三维目标"是新课程改革的一大亮点，是新课程推进素质教育的根本体现，它使素质教育在课堂教学中的落实有了重要的抓手和坚实的操作性基础。可以说，"知识与技能"维度的目标立足于让学生学会，"过程与方法"维度的目标立足于让学生会学，"情感态度与价值观"维度的目标立足于让学生乐学。学科德育是存在于课程内容、过程、方式、活动、要求之中的德育，它与学科教学是完全同步的。任何割裂知识与技能，过程与方法，情感态度与价值观"三维目标"的教学都不能促进学生的全面发展。

"知识与技能"、"过程与方法"、"情感态度与价值观"是新课程目标的三个维度,而不是三种目标,就像一个立方体的长、宽、高一样,具有内在的统一性,统一指向人的发展。关注"情感态度与价值观"是以人为本思想在教学中的体现,其实质就是关注人,而关注人是新课程的核心理念——"一切为了每一位学生的发展"。在教学中具体表现为:关注每一位学生,关注学生的情绪、生活和情感体验,关注学生的道德生活和人格养成。我们的教师要努力使教学过程成为学生高尚的道德生活和丰富的人生体验,这样,学生学科知识增长的过程同时也就成了学生人格的健全和发展过程。

　　实质上,德育,就是育德,就是培养学生高尚的道德情操。教人做人,使人向善,使人向上,是教育的根本目的。这几年,我们一直把在学校的层面上,对学生施加以向善、向上影响的第一种重要途径定位于课堂:在课堂上,让学生在获得知识、获得能力的过程中,同时获得向善向上的情感体验和心灵感悟,从而促进学生的思维发展和精神成长。这正是新课程以人为本的核心理念所倡导的:要关注人,关注人的发展,关注人的"情感态度与价值观";正是新的课程观所要求的:从文本课程走向体验课程,强调课程不再是特定知识的载体,而是教师和学生共同探索新知的过程;正是新课程三维教学目标所要求的:课堂教学中要关注每一位学生,关注学生的情绪、生活和情感体验,关注学生的道德生活和人格养成,努力使学习过程成为学生高尚的道德生活和丰富的人生体验,使学科知识增长的过程同时也成为学生人格的健全和发展过程;正是课程改革所要达到的目的之一:要通过道德课堂建设,来改善学习生态,改善学生对学习生活的体验和感受;正是素质教育所要求的:素质教育的基础在课堂,在学科教学。让学生在获得知识、获得能力的过程中获得向善向上的情感体验和心灵感悟,促进学生思维发展和精神成长,也正是教师职业道德水准的具体体现。

目前,"情感态度与价值观"的培养,需要强调两点:一是教师要有"育人"意识,要充分挖掘所教学科特有的"情感态度与价值观"因素,同时要注重自身的示范作用,把教学生学会做人作为自己的头等使命。二是教师要掌握"情感态度与价值观"培养的规律和特点。"情感态度与价值观"具有主观性、体验性、内隐性等特点,它和"知识与技能"、"过程与方法"两个维度不一样,一般是难以明确、显性地表述出来的,更不可能一节课一节课具体地罗列出来。对"情感态度与价值观"的培养,既要有机地结合课程教材内容的性质和特点,又要把握课堂教学活动的情境和氛围,做到"随风潜入夜,润物细无声"。

因此,作为学科教师一定要强化"育人"意识,以新课程的理念,从道德自觉的高度,去重新审视我们的课堂,积极推进道德课堂建设,努力使自己在道德的环境中进行有道德的教学,使课堂教学的过程和结果既合乎道德的要求,体现道德的关怀,又孕育道德的心灵,洋溢道德的光辉,使学生获得学业进步和身心全面发展,让课堂充满生命的活力。

阅读，是"心"的工程

人们常说，决定一个人品位和境界的，是他的胸怀和内涵，而影响一个人胸怀和内涵的，则是他阅读的数量和质量。苏霍姆林斯基说过："我坚定地相信，少年的自我教育是从读一本好书开始的。只有从人类的道德财富中给自己找到榜样的人，只有希望从这些财富中为自己的心灵汲取最宝贵东西的人，才能达到思想和生活的最高境界。"因此，人们把阅读当作一项贯穿人生始终的生命化实践活动，通过阅读来增进知识，并提升自己的精神境界和生活品质。

学校应该点燃学生的阅读激情。走进我们的学校，随处都应该感受到浓浓的书香，分享到阅读的快乐。让阅读真正走进每一个孩子的心灵，让阅读为孩子点亮一盏温暖的心灯，更让阅读成为师生的一种生活方式，应该成为学校的追求。漫步在学校的楼道里，映入眼帘的应该是开放式书架上的精美图书；墙壁上孩子们"交流天地"里，应该有丰富的读书体会、生动的好书推荐、迫切的寻书信息、独特的书评介绍……

在我们的学校里，图书应该成为学校文化中最漂亮和最实用的组成部分。让孩子们用自己喜欢的方式选择自己喜欢的书籍，让全校的孩子只要有时间就可以读书，只要喜欢就可以读书。学校仅仅有好书读还远远不够，还要给孩子们一个展示读书梦想的舞台。在这个舞台上，应该有和名作家探讨和碰撞的激情，应该有分享读书的思考和收获的喜悦。

学校就是要点燃孩子们读书和创造的热情，做点燃孩子们心中阅读梦想的点灯人。

我们的学校应该做好的是雕琢阅读环境，丰富阅读内容，共享阅读体验，延伸阅读空间，让孩子们感受到——原来，阅读是可以更美的，让孩子们在轻松愉快、激情洋溢的书香校园里茁壮成长。

学校应该让教师因读书而美丽。作为教师，的确有太多的事情等着去做，备课、上课、批改作业、个别辅导、教研活动、学生家访等等，方方面面的压力，有时会使我们的教师身心疲惫，享受不到职业的幸福和快乐。教师职业的幸福与快乐，不在表扬，不在证书，不在绩效工资，而在心态。教师的美丽，不在外表，不在学识，而在心态。

如何让教师获得职业的幸福与快乐，如何让教师更美丽？唯有阅读，阅读，再阅读！因为阅读是人的智力和情感发展的最佳途径。一个人的情感发育史，有时就是一部阅读史。一个人如果没有被书中的人物、故事感动过，那么他的情感发育就有问题。没有阅读，就没有丰厚的人生和充沛的情感；而情感的发育完善，则是建构人的德性，发展健全人格的重要基础。心态的好与否，则是人的德性、人格、品位、境界的直接体现。

阅读能丰盈人的内心世界，调适人的心态。心态好，才会有爱。有爱心的教师，才不会把孩子的学业成绩单看成是自己的工资单，才不会去伤害孩子，即使是最淘气的孩子。尊重孩子，不伤害孩子，孩子才会感受到教师的爱，感受到教师的美丽；才会尊其师，信其道，效其行；才会饶有兴趣地、充满激情地、主动地、展示性地学习其所教的学科学业，学业水平自然会不断提升。这样一个学生群体不断增大的过程，既是教师职业幸福感与快乐感不断增强的过程，又是教师心态不断调适的过程，也是教师不断地对学生施爱的过程，更是教师个人不断"美容"的过程。因为阅读是最好的美容方法。

作为校长，确实有太多的会议需要参加，太多的检查需要迎接，太多的难题需要求解。但绝不能以此为借口而放弃阅读。校长醉心阅读，率先垂范，才能带动教师走进书香，享受阅读。作为校长，应该做的是用一朵云推动另一朵云，用一棵树摇动另一棵树，用一个灵魂呼唤另一个灵魂。唤醒一个教师，就等于唤醒了几十个孩子；唤醒了十个教师，就等于唤醒了几百个孩子；唤醒了学校的教师群体，就影响和改变了全校师生的生命状态。作为校长，应该让教师因为阅读而更美丽！

　　常言道，养鱼养水，养树养根，养人养心。教育，是育人；育人，当是育心，是"心"的工程。教育就是爱，因为爱，我们应当推动阅读。在许多发达国家，几乎每个人都养成了阅读的习惯。相对来说，我们做得还远远不够。其实，读书并不是难以企及的事情；读书既是一种精神需求，又是一种生活态度。在这个喧嚣浮躁的时代，能够让人心绪平静下来思索生命意义的，也许唯有阅读。一个有着良好阅读习惯的人，对生命的理解总会比别人多一些层面，更为精细，也更为通达。

　　如果说读书是为了获取知识，为了陶冶情操，为了获得内心的安宁，那么，推广阅读则是教人学会另一种看待世界的方式，教人以恬淡的方式感悟世界和人生，让更多的人通过阅读提升生活和生命的质量，用不同的方式爱自己、爱他人、爱这个世界。有人说，推动摇篮的手，就是推动世界的手。某种意义上说，推动读书的人，就是影响世界的人。托尔斯泰说过，太阳总会冉冉升起，把快乐、爱情和幸福许诺给逐渐苏醒的世界。因为爱我们的孩子，因为爱我们的教师，因为爱我们的学校，因为爱这个世界，我们推广阅读。为了让阳光照亮世界每一个角落，愿更多的人加入到推广阅读的行列中来！

必须认真研究的学生阅读

去年，上海学生首次参加 PISA 测试并且成绩"全球第一"的消息甫一放出，立马占据各大媒体的头版头条。一贯被西方人看作只会死读书的中国学生居然能在一次国际性的素质能力测试中取得最佳成绩，这让全世界深感震惊。在引来海外教育界集体"围观"上海的同时，再次引发了全社会对学生阅读素养问题的关注、审视和思考。

PISA 是一个国际学生评价项目。上海学生在 PISA 2009 中表现出色，阅读素养的平均成绩在参加的 65 个国家和地区中排名第一，而且成绩分布差距小，在许多指标上都占有优势。由此推断，上海学生具备较好的阅读素养。但是在高分的背后也存在着一些潜在的问题。

PISA 2009 将"文本认知方式"分为"访问和检索"、"整合和解释"、"反思和评价"三个方面。测试发现，上海学生在认知方式各方面分量表上的平均成绩均位居第一，但是在"访问和检索"上比较薄弱。上海方面分析认为，这可能是因为学生"汲取大量信息资源的能力还不够强，习惯了由老师提供现成的材料"。

根据"文本形式"来划分，文本可以分为小说、散文等连续性和图表、表格、清单等非连续性两种，测试反映出上海学生比较善于阅读连续性文本，但不太会读图、读表，而图表是未来社会生活和工作中经常会遇到的。上海方面分析认为，这是由于教师在教学时给予学生运用非连续性文本材料的机会偏少所致。

上海学生在"学习策略运用"中,概括、理解和记忆策略接近或高于OECD(经济合作与发展组织)平均值,但是,自我调控策略低于OECD平均值。这说明学生还不善于自己选择、判断、反思阅读材料的重点、难点,自主学习能力还不够。

PISA将"学生阅读素养"分为7个精熟度等级,最高级为6级,OECD认为,达到6级的学生将来在知识社会可胜任领袖级任务,达到5级的学生被看作明日潜在的世界级工人。上海总体水平占有优势,17%的学生达到5级,远远高于其他国家和地区,但是,达到6级水平的学生仅占2.4%,这说明我们的学生在具有创新和决策水平的阅读素养高段竞争力上并没有很大优势。

从以上分析可以看出,潜在的问题是:我们的学生自主学习能力低,缺乏汲取大量信息资源的能力,不太会读图、读表等非连续性文本,不善于自己选择、判断、反思阅读材料的重点、难点,这些都与学生自主学习机会偏少有一定关系。阅读素养是孩子面向未来的基础能力,在阅读教学中,我们应该做些什么?这是我们应该思考和解决的关键问题。中小学的阅读教学应该做到"三个回归":回归阅读本体、回归学生本体、回归生活本体,应该以培养阅读能力而不是单纯的学习语文知识为教学目标。

回归阅读本体:阅读课文,不应该只是理解和记住每篇课文的内容、结构与信息,而是让学生通过这些课文学会怎么阅读,学会如何理解、评价文章,并从中得到启示,学会利用文章中信息和含义解决生活、工作和学习中的问题。回归学生本体:教师应该转变角色,成为学生阅读的组织者,让学生成为阅读的主人,促使学生形成自己的阅读习惯、阅读兴趣、阅读方式。回归生活本体:如果说"回归阅读本体"是引导学生学会阅读,"回归学生本体"是鼓励学生成为阅读主体,那么"回归生活本体"则是阅读的根本,即培养学生利用阅读来满足个人和社会的需求,达到特定的目的。学生的学习目标不仅仅是能够通过考试,增加某一方面的知识储备,最重要的是培养学生适应社会生活的能力,学会生存。联合国教科文组织认为,"学会认知、学会做事、学会共同生活、学会生存",是 21 世纪人才必备的素质。

学校本来就是一个读书的地方。因此,中小学的阅读教学在做到"三个回归"的基础上,我们有责任点燃学生的阅读激情,让阅读真正走进每一个孩子的心灵。我们有责任让教师因读书而美丽,因为阅读是最好的"美容"方法。校长醉心阅读,率先垂范,才能带动师生走进书香,享受阅读。如前文所述,校长唤醒一个教师,就等于唤醒了几十个孩子;唤醒了十个教师,就等于唤醒了几百个孩子;唤醒了学校的教师群体,就影响和改变了全校师生的生命状态。作为校长,应该让教师因为阅读而更美丽。

教育就是爱,因为爱,我们应当推动阅读!

遏制住"国际班"的"去中国化"

近几年,"国际班"的发展速度比较快。引进国际课程是提升学校国际化水平的需要,但是,有的学校开设"留学预备班",利字当头,全套引进国际课程替代本土课程。中学生修习完国外大学认可的"国际课程",即可直接申请国外大学。这种留学捷径正日渐流行。但是,这些国际课程基本上由学校自行引进、社会中介参与,缺乏政府引导、统筹、规范,导致乱象频出。不少学校的"国际班",全套"拿来"境外课程,放弃了母语教育和文化历史教育,放弃了国家的教育主权而浑然不觉。这些"全境外课程系统",完全脱离了国内的学制和课程系统,不管这些学生最终是否出国留学,都造成了他们的"去中国化"。

基础教育阶段,首先是国民教育,培养优秀的本国公民,然后才有可能真正培养出具有国际视野和参与国际生活能力的人。给孩子什么样的教育,会形成什么样的价值观,"课程"起着非常重要的作用。放弃本土课程、照搬境外课程,未必有利于孩子申请国外大学,更不利于孩子学习能力、适应能力、知识结构的全面发展。这种短视的做法无视教育主权,还会带来文化认同、课程结构方面等一系列的风险。教育始终要以育人为目的,那种以出国为导向,以赚钱为目标的所谓的"国际班"迟早要出问题。务必要引起我们的高度重视,及早遏制住"国际班"的"去中国化"。

人们把"国际班"叫作"出国班",恰恰反映出社会上对中外合作办学项目的认识误区。教育国际化,绝不等于出国化、西方化。公办学校,如果只是为了迎合社会需要,仅以出国为目的举办"国际班",那就是在挤占公共教育资源,有失教育公平,更是一种教育道德的缺失。如果任教于"国际班"的中方教师能够充分比较和融会贯通中外课程,成长为国际化的教师,通过举办"国际班"引进国际优质资源并加以消化和吸收,实现全校范围内的共享,促进学校的课程改革,那么,这就是一种有意义、有回报的投入,其社会价值显而易见。学校举办"国际班",应当有更高的目标和价值追求。随着学校文化软实力、国际化水平的不断提升,我们的学校既要成为吸引国外留学生的基地,也要走出去,在国外的中小学校开设被国际社会认可的中国的"国际课程"。这才是"国际班"的办班之道,更是办班之德!

提高质量分析的质量

建立完善的教学质量分析制度,是提高教学质量的一项基础性工作。全面科学地进行教学质量分析,是我们的一项教学基本功,是我们这些"专业人士"的"专业"。但是,就目前的情况看,我们的一些学校、一些教师,在教学质量分析评价方面,主要存在两个方面的问题:一是对教学质量的认识还存在相当程度的片面性,二是我们做得还不够专业。教学质量分析的"质量"的确亟待提高!

全面科学地评价教学质量,需要树立全面科学的质量观。我一贯认为,学生到学校跟着教师学习,一是学做人,二是学学业。教师教学生,一是教做人,二是教学业。教学质量,理所应当的,第一是学生的做人质量,第二是学生的学业质量。近几年,我越来越觉得学生的身体质量和在学校的日常学习生活质量的重要,它本该是教学质量的重要组成部分。可是,当前一些学校、一些老师把它忽略了,关注更多的是单一的学业质量,单一的考试分数。我们大家都知道,"基本的学情调查"是我们每一个学期都必须认真做好的一项基础性、常规性工作。师生关系状态、生生关系状态、学生的身体状况,以及学生对学习生活的感受和态度等,都对学业质量的提高有着至关重要的影响,"学情"该不该包括这些?学校每年都进行一次学生体质健康状况的检查,但是,我们有没有做学生体质健康状况的分析报告,对改进学校的体育卫生工作提供参考依据？虽然影响学生身体质量的因素比较多，但作为学校我们应该做些什么？我们能够做些什么？义务教育"体育艺术2加1"项目实施的效果怎样？有多大比例的学生掌握了锻炼身体的两项技能，具备了一项艺术特长？这些都是我们应该认真加以思考和解决的问题。

单就学业质量分析来说，我们的确做得还不够"专业"。一般的学业质量分析，往往按照常规数据统计，按照平均分、分数段对各班、各学科进行分析评价，这样的学业质量分析不能把教与学中存在的问题具体分析出来，只能表面地评价哪个班、哪个学科成绩好或不好，不能起到学业质量分析的真正作用。学业质量分析的目的在于客观地评估教与学的现状，肯定成绩和有效的做法，找出问题，并弄清问题产生的原因，制订出科学可行的改进措施。

新课程的教学，是基于课程标准的教学；学业质量的分析，当然应该是基于课程标准达成度的分析与评价。应该双向采集信息，进行双向分析，即教师分析、学生自我分析，知识块、能力层和学情的综合分析，学习环节和非智力因素的分析。

教师分析，可分为两项：一是各学科教师把试卷中的题目按照知识分类，统计各层学生在各知识类中的得失分比例。二是把试题内容按记忆、理解、运用、分析等能力进行分类，统计各层学生在各能力层次上的得失分比例。通过分析发现教学中存在的问题，然后按照学校的要求及分析的数据，进行教学自我评价总结，写出教学过程中存在的问题及产生问题的原因，制订出相应的改进措施。

学生自我分析，也应进行两个方面的分析：其一，按照学习的五个环节，即预习、听课、作业、复习、小结进行自我分析评价；其二，按照各学科的得、失分情况，从学科的学习态度、学习方法、时间安排进行自我分析评价，找出学习过程中存在的问题及问题产生的原因，制订相应的学习措施。

学校要收集教师和学生的自我分析，征求各班班主任、科任教师、学生、家长的意见，进行整理归纳，总结出共性和个性问题，写出各年级的教学质量分析报告。然后，分年级召开教学质量分析会，提出教学指导意见。这样的学业质量分析，最突出的作用是每个教师在分析过程中，能够自我认识，从而转变教学观念，合情合理地自我评价。除此之外，学校还要进行学生学习水平结构分析、学习目标达成度分析、学业质量纵向跟踪分析等，真正找到教和学的薄弱环节，以制订具有针对性的改进措施。

学业质量分析，重在分析的过程，重在教师与学生的自我认识、自我评价。因此，学业质量分析，必须端正认识，落实以生为本的理念：问题表现在学生身上，根子在教师身上，也就是说学生问题产生的原因在教师，学生问题的解决要靠教师自身问题的解决来实现。

教学质量分析是教学诊断的主要手段，要真正起到诊断教学、改进教学、促进教学的作用，需要我们不断提升专业水平，尽快实现三个转变：即从重"数据"向重"成因"转变，从重"教师"向重"学生"转变，从重"学业质量"向重"全面质量"转变。这就是"道"，就是"路径"，就是"规律"！

家长会，是一门课程

　　说起家长会，我们都很熟悉，并且也都亲身经历过。但是，家长会的效果却往往令人失望，与促进教师与家长、学校与家庭相互交流、沟通与和谐的宗旨背道而驰。家长会上，教师讲学校成绩多、告学生状多、给家长提要求多，让家长说得少、肯定学生的优点少、相互交流和研究问题更少。结果，家长会变成了分数发布会、报告会、告状会、训话会，甚至批判会、牢骚会，成为"暴风雨"的前奏。家长会不仅丧失了它应有的作用，反而带来了相当的负面影响。如今的情况是：绝大多数学生和家长都害怕家长会，都不愿意开家长会。

　　这种只关注学业成绩、不关注学生成长，只放大学生的问题、不研究解决办法，让家长和学生更隔阂，让家庭和学校更疏远，违背教育宗旨、恶化教育生态的家长会，我们把它称作道德缺失的家长会。如何让家长会充满道德的关怀和人性的光辉？我们认为，应该把家长会当作一门课程来研究、开发和建设。

　　第一，家长会应该有明确的目标。家长会是学校同家庭联系、沟通、合作，促进家校和谐，改善教育生态的一种常用方式。召开家长会的目的在于在家庭和学校之间建立一种"理解、信任、目标一致"的合作关系。家长会的目标，应该基于教学生做人、使学生向善向上的道德标准，保持家庭教育与学校培养目标的一致性，从而促进学生的健康成长；引领家长了解教育学、心理学常识，尊重孩子的成长规律，提高教育孩子的艺术，规范自己的言行，做孩子的表率，为孩子营造一个良好的家庭成长环境。家长会的目标，应该根据学生的年龄特点，分学段制定；有学段的整体目标，有学年目标，有学期目标；每一次家长会研究解决什么问题，达到什么目的，都应该有明确的目标。

第二，家长会应该有具体的内容。根据家长会的目标要求，选择和安排明确而具体的内容，实现家长会的系列化、主题化教育要求。家长会内容的选择与安排，应该与学生的学习实际相结合，给不同年龄段的学生家长以必要的学习方法上的指导；与学生的生理、心理发展实际相结合，让学生家长掌握这个年龄段孩子的生理、心理特点，掌握正确的教育方法；与学校的教育特色相结合，对家长进行促进学生个性化发展、特长发展方面的帮助和指导；与家庭教育环境相结合，针对不同学生所处的不同家庭教育环境，开展具有针对性的家庭教育指导。

第三，家长会应该有多样化的实施方式。在家长会的目标、内容确定之后，运用什么样的方式举行家长会来展示内容、达到目标，就显得尤为重要。"流于形式、单向灌输、一味要求"，教师"一言堂"、"训话式"的家长会，再也不能继续下去了。互动交流式、对话讨论式、汇报展示式、联谊式、"门诊"式、网上交流式、按需辅导式、论坛沙龙式等等，都是很好的选择。家长会"开会有法，会无定法"，没有固定的模式。教师只有根据班级的具体情况、家长的具体情况、学生处于不同阶段的具体情况，选用合适的家长会形式，达到教师用心、家长顺心、学生欢心的目的，才是最有效的。

家长会的效果，不只是决定于内容和形式，而且决定于它的艺术性，尤其是教师说话的水平与艺术。家长会上，多一些鼓励，少一些批评。作为教师，应该远离"语言暴力"；要想让学生和家长心里有阳光，教师自己心里必须充满阳光；我们不能总是给学生和家长一种"伤害"的爱，而应该给他们一种"温馨"的爱。教师能指出每个孩子的哪怕一个闪光点，也能让家长充满希望，抱暖而归。对于学生的毛病，可以在会后进行个别"诊断"交流，不要当众批评。多一些关切，少一些严厉。与家长交流、汇报时，教师的笑容满面，语言亲切、恳切，会让家长感受到教师为孩子好的真心、用心、苦心。人心都是肉，尊严在于敬，而不在于"横"。多一些谦逊，少一些傲气。教师对家长一视同仁，用商量、探讨的口吻与家长说话，给家长以尊重和帮助，那家长感受到的就是教师的胸怀、层次与美丽。多一些指导，少一些邀功。作为教师，对学生和家长好一点，负责任一点，是责任所然，使命所然，不是施舍，不是恩惠。以这种心态去面对我们的学生和家长，所展现出来的就是教师的品位和境界。

第四，家长会应该加强评价与管理。对家长会的评价，应该是多元评价，注重效果的评价。对于会议本身的评价，仅仅是评价的一个方面，更重要的是对效果的评价。让学生、家长、教师共同参与评价，将学生、家长、教师的共同成长和对家长会态度的变化，进行对比、分析和评价。学生和家长愿不愿意开家长会、喜不喜欢开家长会，应该是一个重要的评价标准。学校在对家长会进行"课程化管理"的过程中，不仅仅要加强对家长会的目标、内容、形式的研究，更要加强对评价的方式、方法的研究。每一所学校都要研究、制订、建立符合教育的道德标准的家长会评价体系。

在课程改革推进到"加强道德课堂建设，提升生命质量"这样一个常态化发展阶段的今天，的确到了把家长会提升到课程建设的层面上，来加以研究、开发和建设的时候了。道德课堂，要研究解决的就是教育目的、教育行为、教育效果的一致性问题，其核心是"合乎道，至于德"。因此，在推进"家长会建设"的进程中，应该秉承道德的准则，"以合乎道的途径，至于德之目标"。在观念上，实现从"学校、教师、分数为中心"到尊重学生、家长主体地位的转变；在内容上，实现从只关注考试分数到关注学生全面发展的转变；在形式上，实现从单一的说教式、告状式到学生、家长、教师互动交流式的转变。让我们的家长会，既要合乎道德的要求，体现道德的关怀，又要孕育道德的心灵，洋溢道德的光辉。让我们的学生和家长都愿意开家长会，喜欢开家长会，盼望开家长会。

第三章
教师成长之道

　　一位优秀教师一定是有着强烈自我发展需要,并且将个人的发展与学生的发展联系起来的教师。推进新课程的目的之一,就是要实现教师文化的转型,促进教师专业生活状态的改变,提升教师专业发展水平、日常教学生活质量和生命质量。

新教师应该是有道德的教师

  新课程的实施需要"新教师"。新课程改革要求教师无论在教育观、教学观,还是学生观上都要进行转变。新课程的教育观强调育人为本,以学生的发展为本,把学生当成"人",关爱学生的生命,不要把学生当成"容器"。新课程的教学观强调从单向的知识传授走向教学互动,变"记忆型教学"为"思维型教学",变"应试型教学"为"素养型教学"。新课程的学生观强调学生从被动走向主动,要把学习的主动权真正还给学生,促进学生创新意识和实践能力的培养。基于上述认识,新课程对教学活动,对教师的教学行为提出了新的要求。新课程不仅要求学生掌握基本知识、技能,更注重学生获取知识的方法、策略、过程和在此过程中及在此之后获得的情感、态度、价值观。新课程倡导转变学习方式,提倡自主、探究、合作式学习,增加课堂上学生参与分组讨论、全班交流、充分表达和展示自己的机会,让课堂真正成为学生的课堂。随着学习方式的改变,教学行为也应该发生相应的转变。

  只有具备了新的教育观、教学观、学生观的教师,才能称其为新教师。新教师是有道德的教师,有道德的教师才能进行有道德的教学;因为没有道德的教育是一种罪恶!做有道德的教育,构建道德课堂,做道德教师,培养有道德的学生,是新教师必须具备的教育思想。道德教师,是遵守常识、遵循规律的教师,是尊重学生、能给学生以生命关怀的教师。

　　道德课堂认为教育即道德：合乎道，至于德；以合乎道的途径，至于德之目标。"道"，即规律：教育教学规律、学生的认知规律和成长规律；"德"，即生态：围绕实现师生共同发展，实现国家人才培养目标而建构的课堂生态。

　　道德课堂认为相信学生就是师德。过去的旧课堂因为教师不相信学生，所以不敢放手让学生自主学习，由此造成了教师普遍的包办、代替、灌输和强迫。在这种背景下，所谓学生的"学"，只能是有限学习。学生是天生的学习者。学习是学生自己的事，教师要敢于放手让学生自主学习，让学习真正发生在学生自己身上。

　　因此，新教师的基本品质是相信学生，解放学生，依靠学生，发展学生。能够以新课程的理念，从道德自觉的高度，去重新审视自己的课堂，使自己在道德的环境中进行有道德的教学，努力使教学过程成为学生高尚的道德生活和丰富的人生体验，使学科知识增长的过程同时成为学生人格健全和发展的过程，使课堂教学过程和结果都合乎道德，让课堂生活充满生命的活力。

　　新教师应该是"一传"，不应该是"二传"。课堂中面临的问题实质上是文化问题、生态问题；现今的学生，缺的是经验问题、能力问题。新教师应该具备构建道德课堂生态的能力，应该遵循教学规律，建构师亦生、生亦师、师生相长，兵教兵、兵练兵、兵兵互动的课堂生态。在这样的课堂生态里，让学生获得情感体验和心灵感悟，从而有效地实现"传"，让学生收获经验、能力。新教师的"传"，应该"传"而遵"道"，"传"而有"道"。"传"的过程中，应该是组织者、引导者、欣赏者；"传"过之后，应该是专业成长和职业幸福的享受者。

　　新教师应该是导学者而非讲学者，是学生学习过程中的参与者、组织者、引导者和意见交换者。因此，课堂上，教师的作用不是表演，不是独奏，不是独唱，不是演独角戏，而是导演，是观众。教师应该把课堂这个"舞台"真正"还"给学生，还学生学习的主体地位，还学生学习的主权，让学习真正发生在学生身上。

　　随着新课程的不断深入推进，随着教师专业成长的持续实现，名师一定会重新洗牌。"名师"不是"名校教师"的简称。名校教师不一定会成为名师，名师不一定不出自名校以外的学校。我认为，名师首先应该是"明师"，即"明明白白的教师"。教师应该明白自己的角色定位，明白谁是学习的主人，实现"六个转变"，即"教师变学长、讲堂变学堂、教室变学室、教材变学材、教案变学案、教学目标变学习目标"，站在学生的立场上思考、设计和实施教学。我们大家都知道，教学有三种境界：一是教师带着学材走向学生，二是教师带着学生走向学材，三是学生带着学材走向教师。我们要达到的目标是第三种境界。当学生带着学材走向教师的时候，也就实现了教师角色的根本转变。只有实现了"六个转变"、达到了教学的最高境界的教师，才能称其为名师。

教师即课程

"**教**师即课程"的理念,已经成为道德课堂建设实践的诉求,它强调教师要真正地走进课程,时刻用自己独有的眼光去理解和体验课程,将自己的教学智慧、人格魅力、价值取向和人生态度渗透在课程实施过程之中,并创造出鲜活的课程,进而教师本身成为课程的内在要素之一。

教师要真正走进课程。这就要求教师需要拥有"课程知识",这是毫无疑问的。课程就是一种有目的的、有计划的、有技术的教育专业实践。课程知识就是能够满足课程实践合目的性、合计划性、合技术性的最起码的知识基础。应该包括以下三类知识:一是促使教师形成正确的教育信念的知识,包括对教育的目的、目标、价值的知识,对学生的学习与发展的理解,对教师自身的身份、职业、专业发展的认识,以及对学科课程本身的认识等;二是编制科学的课程方案的知识,在基于国家统一学制、统一课程方案、统一课程标准的前提下,教师要对学科课程教学方案进行二次开发,编制每个学期的课程纲要和单元、学时的学案;三是学会专门的课程技能的知识,即课程的规划与设计、实施与评价。具体地说,课程的专门技能包括:(1)澄清学校的育人目标;(2)识别学生的课程需求;(3)确定与陈述目标;(4)选择与组织内容;(5)采用多样化的实施技巧与策略;(6)使用基于目标的评价手段;(7)实施基于证据的课程改进;(8)善用可得到的课程资源。没有这一类知识的支撑,上述两种知识有可能变成虚假的知识,没有实际意义。需要关注的是,关于课程知识领域中专门技能的最新进展,已经涉及如何思考课程标准、学材、教学、评价一致性的问题,特别是关于基于课程标准的教学与评价。例如:如何将课程标准中的内容标准分解为学习目标,如何基于学习目标开发评价方案,如何基于该评价方案设计学习活动。很显然,这就要求教师要像专家一样思考,并能综合应用上述三种知识。

教育不是一个简单的操作行为,而是基于信念的行为。推进道德课堂建设的重要价值之一就在于促使教师确立课程意识,即首先需要考虑的还不是如何有效地教学,而是应该带给学生什么样的教育经验,包括什么样的知识最有价值,什么样的主题最值得探索等。需要思考的是,我们究竟要培养什么样的人?受过教育的人该是怎样的?教育承担着怎样的职责和使命?因此,作为教师应该关注的就远远不只是课堂教学行为、有效的教学策略、课堂教学模式等问题,而更应该关注我们为什么需要教育,为什么要开设语文、数学、科学、艺术等课程,为什么要强调课程的综合化,为什么要倡导发展性的教育评价,为什么要开发校本课程,等等。

教师确立了课程意识,拥有了课程知识,形成了课程能力,才能真正走进课程。

教师要创生和发展课程。道德课堂要求教师不再是学材的忠实执行者。教师要用自己的观念、态度和意识去解读课程,用心去理解和领悟课程的基本框架、基本理念、培养目标,还要理解与领悟课程标准的目标、基础知识、技能和能力。理解并解释课程是教师专业生命的存在方式,而教师参与对课程文本的解读是课程意义生成的基础,即教师在对学科的理解和感悟中生成了学科课程,经过教师的"课程运作"之后转化为现实的教育效果,即被学生内化为自己的东西。经过教师实践操作与反思后的课程又将成为新的课程,这将使得课程和教学实现意义上的整合。课程不再是特定知识符号的载体,而是教师与学生共同探求新知的过程,教师不再孤立于课程之外,而是有机地构成课程。在经过了课程实践与反思的过程后的教师也即发展和创生的课程。真正的课程是教师与学生联合创造的教育经验,教师与学生的互动的过程即一种创生的课程。在这个"课程过程"中,通过师生、生生之间不断的对话与会话达成在学科上的共识与互识,生成意义,在这种意义上教师即创生的课程本身。教师是一种理解与领悟的课程,一种反思与实践的课程,教师又是一种创生与发展的课程。

教师要充分彰显自身的课程意义和价值。教师是重要的课程资源,教师本身就是一种资源载体。之所以这么说,是因为教师是教学的执行者,是学材的实施人,教师的专业素养决定了课程资源的识别范围、开发与利用的程度,以及发挥效益的水平。教师的生活世界,特别是他们的经验、智慧、理解、感悟、问题、困惑、情感、态度、价值观等素材性课程资源,能够与学生要获得的文本知识和解题技能等一道进入课程。进入教学过程的时候,教师和学生才会真实地感受到教学过程是他们的人生过程,是他们生命的有机组成部分。教学才有可能真正地促进学生的健康成长和健全发展,才有可能不断地提高教师的专业发展水平,才有可能彰显它应有的生机和活力。

孔子说:"其身正,不令而行。其身不正,虽令不从。"可见,教师示范作用的重要,教师的人格水平越高,其榜样作用也就越强。"欲齐其家,先修其身。"作为教师,应该经常反思自己在学生心目中的形象。苏联教育家马卡连柯曾对儿童教养院的老师说:"不要以为只有你们在同儿童谈话、教训他、命令他时才是教育,他们生活的每时每刻,甚至连你们不在场的时候,也是在教育儿童……"马卡连柯的这段话,强调的是"行为"和"榜样"在教育中的作用。教师不仅仅是"传道者",而是学生效仿的楷模。教育学生不能依靠灌输、说教，而应当靠教师身教、潜移默化。只有具有高尚人格的教师，才能培养出有健康个性的学生。一名优秀的教师，除了必须以满腔的热情对待事业、对待学生以外，还必须自觉地、高标准地去塑造自身的人格，从而促进学生健康人格的养成。古语说："善歌者教人习其声，善导者教人习其志。"一句话，教师要想不愧为"人类灵魂工程师"的光荣称号，就必须在人格塑造上勇于履行"以身立教，为人师表"的道德要求。真正做到学高为师，身正为范。

随着道德课堂建设的深入推进，会有越来越多的教师发出这样的慨叹：我就是语文、我就是数学、我就是课程……

师道尊严,重在"师道"

时下,关于"师道尊严"重提、重建、再塑的呼吁不少,其主要是,呼吁要继承中华民族"尊师重道"的优秀传统,尊重教育,尊重教师,维护教师的权益,维护教师的尊严,扭转为师不尊、为生不敬的不良风气。的确,教师对于教育振兴的重要作用是毋庸置疑的,教师理所应当得到尊重。我们无法想象:一个没有"师道尊严"的民族和国家,未来会是一个什么样子?

"师道尊严"思想,是我国传统教育理念的集中体现,也是我国传统文化的重要组成部分,对中华民族的道德观念和价值取向具有重要影响。"师道尊严"的含义,虽然在长时期的发展过程中不断变化,但是,其初衷却是提醒我们要尊道,尊有道之师。教育提倡"尊师重道"乃是教师职业使然,"道尊然后民知敬学"。教师先善其德,能够全身心投入教育事业,做到为人师表、关爱学生、诲人不倦、公平、公正,才能获得"师尊"。

第一,教师要为师"有道"。推进道德课堂建设,所倡导的就是:做有道德的教师,构建有道德的课堂,培养有道德的学生。我国传统教育观认为,教师只有具有高尚的道德情操,才有资格教育他人,才能获得他人的尊重和敬重,成为他人学习和效仿的榜样。所谓"其身正,不令而行;其身不正,虽令不从"、"不能正其身,如正人何",所体现的就是这个意思。为师"有道"之所以重要，是由教师在教育活动中的特殊性决定的。教师是人类灵魂的工程师，是"道德"的化身，其知识结构、思想道德、情感意志等都能够在很大程度上影响学生的健康成长和发展方向。要培育有道德的人，教育者首先必须是有道德的人。从这个认识出发，我国传统教育强调教师既要成为"经师"，更要成为"人师"，要求教师在道德修养、人生境界等方面对学生起到示范和引领作用。

第二，教师要遵道"传道"。教师对学生的教育影响无外乎"言传身教"，"言传"重要，"身教"更重要，身教胜于言教。有了教师的知行统一，才会有学生的知行统一，才会有学生的思维品质、意志品质和行为品质的共同提升。这就是道，就是规律。林格老师说得好，教育之道，道在心灵。学习的目的是悟，学习是必须，悟道是目标。悟了，就会内化为自己的一种素养；悟得多了，就能积累一种境界和高度；有了高度以后，自然流露出来的心态，就是最好的教育。这也是道，也是规律。因此，教师对学生的教育要遵循学生身心发展的规律。

优秀的教师不是将道德规范、行为准则生硬地灌输给学生，不是刻意地把某种行为与高尚师德挂上钩，而是把这些规范准则内化于心，在实际教学中，在日常生活的细节中自然地表现出言与行的一致，具体实在地为人师表。在我们的每一所学校，清晨进校时，学生向教师问好，教师必须还礼；升旗仪式上，师生必须一样肃穆庄重，同声高唱国歌；为学生颁奖，教师也要鼓掌；既然提倡尊老，教师与学生的祖辈交流，就要谦和；学雷锋活动中，学生要学，教师也要行动；学生出现思想问题，需要批评教育，给他一把椅子，让学生坐下，这就体现出尊重与平等，批评教育的效果，就会与罚站与痛斥截然不同……因此，教师要十分关注细节，要使最自然的细节成为教育的契机，让我们校园里的空气洋溢着激情与温暖，洋溢着道德的光辉。

第三，教师授业解惑要"合道"。所谓授业，就是向学生传授专门的学科知识。比如，孔子就将"礼、乐、射、御、书、数"等"六艺"作为主要的教学内容。所谓解惑，就是针对学生在学习中遇到的困惑和疑问，进行有针对性的解释与点拨。

　　道德课堂认为，师道即教师的角色，教师的角色必须重新定位。道德课堂的教师观认为，教师是导学者而非讲学者，是学生学习过程中的参与者、组织者、引导者和交换意见者；教师是学生学习的助理，是学生的学长，与学生是平等的同伴关系。道德课堂的学生观强调学生从被动走向主动，要把学习的主动权真正还给学生，促进学生创新意识和实践能力的培养。道德课堂倡导转变学习方式，提倡自主、合作、探究式学习，增加课堂上学生参与分组讨论、全班交流、充分表达和展示自己的机会，让课堂真正成为学生的课堂。随着学生学习方式的改变，教师的教学行为也应该发生相应的转变，实现了这种角色转变的教师才称其为"道德教师"。角色即人格，离开了"道德教师"这一角色，教师便缺失了"人格"，缺失了尊严。这是道，更是规律。

　　最后，我想说的是：作为教师，如果为师"有道"，能够遵道"传道"，授业解惑又"合道"，就一定会赢得学生的尊重和敬重。因为只有自尊，才能获得他尊，赢得尊严。

培训，还教师学习的主权

  暑期将至，有理由相信不少学校已就暑期的教师培训事宜做出了详尽的安排，因为这是学校的一项常规性工作。假期，尤其是暑假，既是学校及教师个人对本学期、本学年的教学改革实践进行扬弃性反思、生成性总结提升的一年中不可多得的宝贵时间，又是有针对性地学习研修、丰盈充实教师、提升教师专业能力的不可错失的良机。

  我坚定地相信，课程改革十年来，学校、教师都不愿意、也没有错失过任何培训提高的机会，但是，为什么不同的学校会有不同的培训效果呢？究其原因，一些学校培训理念陈旧，培训内容空泛乏味，培训形式过于单一，以理论讲座代替课堂实践，以集中开会学习代替问题的研究与解决。教师成了被动接收的"容器"，"满会灌"、"满天灌"，被学习，被培训，教师的"主体地位"缺失，重蹈了学生"满堂灌"学习方式的覆辙，疲惫、焦虑、厌烦的感受比较多，积极性缺失，效果欠佳。这就是不"合道"，违背了教师培训学习的规律，造成了培训的动机、行为和结果的不一致。

  我认为，教师培训更应该贯彻新课程理念，关注教师培训过程中的个人体验，关注教师在专业成长中的"主体地位"，关注不同层面教师的不同需求，力求培训面向全体，适切教师专业发展实际。因此，激发教师细化解读课程标准和学材并转变教学行为的积极性和主动性，应该是开展教师培训的关键所在。

首先，假期集中培训要基于教师的实际需要，不要为培训而培训。新课程要求教师研究"学情"，基于学情设计和实施教学。教师培训更应该研究"师情"，基于师情设计和组织实施培训。有的学校为完成"任务"而培训，往往只是安排一些教育理论讲座、专家报告，或者是其他方面的理论学习，凑够几天时间，就算完成任务。这样的培训往往是浅尝辄止，走走过场，达不到应有的效果。这种说教式、程式化的培训，由于内容枯燥无味、离课堂太远，教师早就厌倦了。理论讲座、专家报告也都是应该的、必要的，但是，如何根据教师的课堂实践中的问题与困惑，有针对性地选择专家开展有针对性的跟进式辅导讲座，是我们必须认真思考和研究解决的首要问题。这几年，郑州市根据教师的实际需要，集中举办的学科专家专题辅导讲座，比如如何细化解读课标和学材、编制学科课程纲要、加强学生作业建设、编写和使用导学案、加强学生学习小组建设等方面的专家专题辅导报告，就受到了学校和教师的欢迎和好评。

其次，要树立"全过程"培训观，有效实现"三研一体化"。学校和教师不能仅仅把假期全校性的"集中培训学习"看作是"培训"，而应该把平时学校、教研组、学科组组织的各种教学活动以及教师个人研修活动都当成是"培训"。实质上，平时的这些教学活动也确实就是"培训"，因为它研究和解决的是教师课堂教学中的问题，满足的是教师专业成长的需要。一个学期、一个学年中，教师设计教学、实施教学、评价教学的过程，其实就是教师持续不断地学习、研修、提升的过程。假期培训，实质上就是学校组织的对教学实践活动进行的阶段性的反思、梳理、总结、生成和提升。成果和经验，一起分享，问题和困惑，共同研究解决，并制订出下一个阶段校本教学实践研究的方向和目标。问题即课题，教学即研究，成果即成长。在学校的层面上，校本教研、校本研修（培训)、学校科研，其实都是一回事，研究的内容都是课堂教学实践中的问题，目标指向都是通过问题的解决促进教师的专业成长。因此，应该把课堂中那些有价值的真问题作为课题，实施课题带动，实现校本教研、校本研修（培训）、学校科研的"一体化"，既能解放教师的时间和手脚，又能激发教师从事研究的积极性和主动性，更能增强工作的目的性、针对性和实效性。郑州市一些学校的实践证明，小课题研究——"三研一体化"，非常受教师欢迎。这个问题解决得好，学校会提升一个层次。

　　再次，要突出教师的"主体地位"，还教师学习的主权。新课程要求教师把课堂还给学生，还学生学习的主权，让学习真正发生在学生身上，让学生做学习的主人。教师培训，更应该突出教师的主体地位，还教师学习的主权。教师是学习者、成长者，"培训者"是教师学习过程中的参与者、组织者、引导者、解惑者和意见交换者。

　　2010年暑假，郑州市选派了15名优秀教师赴美国参加了"蒙台梭利模拟联合国项目（MMUN）"种子教练的培训。在谈到这个项目的培训形式时，教师们深有感触地说："MMUN"项目的培训过程，实质上是培训教师组织指导我们自主学习、合作探究、展示的过程。培训教师从来不给我们现成的答案，总是让我们自己去体验和感悟，让我们自己去获取答案。这种培训形式极大地激发了我们的学习兴趣和求知欲，让我们在主动获取知识的过程中，不仅仅理解了这个项目的培训理念，掌握了作为这个项目的种子教练应该掌握的基本规律、程序和方法，而且激起了我们涉猎更广阔知识领域的渴望，也为我们这个项目的教师培训、学生培训提供了成功的范例。这个项目的培训理念、培训形式正是我们所需要的，也是我们应该做到的。

　　教师培训，一定要把握住四个关键词：一是研究问题。没有问题研究解决的教师培训，是没有意义的教师培训；二是主体参与。没有教师的主体参与、主动参与，就不可能存在真正意义上的教师培训。三是成为系统。把握住了前两个关键词,一个阶段之后回过头来看:解决的问题,生成的成果,一定是由浅入深,逐步深入;教师们的认识不断提升,研究的方向越来越明确,这就是一个系统。四是教学改进。教师培训所形成的共识、生成的成果,如果不用来改进教学,就不是真正的教师培训。如果把握住了这四个关键词,教师就不会"厌训"、"逃训"。当然,作为专门的教师培训机构、专题的培训项目,还需要有合理的课程设置、富有一线实践经验的优秀教师团队和"实践指导教师"的务实指导,才能办得成功,受到教师们的欢迎。

实质上,教师培训做得专业与否,才是对学校校长的专业化水平和课程领导力的真正考量!

学科思想是学科教学的灵魂

  道德课堂要求学科教师必须把握"三个前提",即把握学科思想、掌握学科知识体系、明确学科课程目标。把握不好这三个前提,教学设计就无从谈起。道德课堂之所以把学科思想置于"三个前提"的首位,是因为知识、思想和能力是学科教学的三大要素,学科思想则是学科教学的精髓和灵魂,它在很大程度上决定了学生知识储存和能力发挥的状况,同时在学生以后的学习、生活和工作中发挥着作用。

  学科思想是指由学科专家提出的对尔后学科发展和学科学习最具影响力的那些观念、思想和见解,是"知识"背后的"知识"。例如,数学学科中的变式思想、数形结合思想,化学学科中的守衡思想、动态平衡思想,生物学科中的辩证思想、自组织思想,等等。学科方法是根据学科内在的规律和特点,总结和归纳出来的思维方法、研究方法与学习方法。例如,数学学科中的化归法、递推法、列举筛选法,化学学科中的等效法、终态法。

  一般而言,学科思想对学科方法起着指导作用,学科方法则是学科思想的具体化反映。在很多时候,学科思想与学科方法并没有确定的界限,比如数学中的"数形结合"既是一种学科思想,又是一种学科方法,因而人们通常将学科思想与学科方法统称为学科思想方法。概而言之,学科思想方法就是指能够反映学科知识本质、学科思维特点和学科学习规律，对分支学科发展和学生学科综合素养发展起着决定性作用的那些基本观念、思想和方法。

学科教师要正视和解决学科教学中存在的问题。中小学学科教学普遍忽视了学科思想方法的教学：强调知识的教学，却又使学生的知识学习陷入庞杂、零散而缺乏整合；强调解题技巧的训练，却又使学生的技能学习停留于浅表、机械的水平而缺乏创造。

"只要不考试，就总有讲不完的知识和做不完的习题。"这是许多教师特别是毕业班教师的深切感受。是否真的有那么多知识需要教师不辞辛劳地讲解？是否真的有那么多习题需要学生不厌其烦地训练？更进一步，学科教学的精髓和灵魂究竟是什么？一致的答案便是：学科思想方法。苏霍姆林斯基曾说过："思想好比火星：一颗火星会点燃另一颗火星。一个深思熟虑的教师和班主任，总是力求在集体中创造一种共同热爱科学和渴求知识的气氛，使智力兴趣成为一些线索，以其真挚的、复杂的关系——即思想的相互关系把一个个的学生连接在一起。"事实上，谁把握住了学科思想方法这一精髓和灵魂，谁就能举重若轻地组织教学；谁缺乏对学科思想方法的把握，谁就只能被迫陷入学科知识的汪洋大海之中，面前总有讲不完的知识和练不完的习题。

领悟、获得学科思想，是道德课堂落实三维教学目标的要求。"三维教学目标"要求让学生在获得知识、获得能力的过程中，掌握学科学习的方法，同时在"情感态度与价值观"方面获得协调的发展。道德课堂认为，学科思想是"情感态度与价值观"的重要组成部分。课堂上，让学生在获得知识、获得能力的过程中，同时获得"向善向上"的情感体验和心灵感悟，促进学生思维发展、思维品质的提升和精神成长，是最大的课堂道德，是课堂教学的"道"、"规律"，是教师学识和人品、课堂能力、课堂艺术、课堂智慧的结晶，是教师职业道德水准的具体体现。

目前，郑州市的教师们在细化解读学科课程标准和学材的基础上，正在努力提升学科课程纲要、作业规划设计和导学案的编制水平,这就要求学科教师必须把握本学科的学科思想。每一个学科都有自己的学科思想,只有牵住了学科思想这根红线,才能掌握学科知识体系、明确学科课程目标,认识到其中的规律,再"教"知识或学知识,才能纲举目张。更重要的是,只有成体系的知识和技能,才能成为解决实际问题的方法。学科课程目标具有三个维度,通过教师和学生的双边教学活动,让学生掌握学科知识、领悟并获得学科思想、掌握学科学习方法、提升学科学习能力,是我们要达到的目标。

领悟和把握学科思想,牵住"学科思想"这根红线,是学科教学的"道"、"规律",以合乎道的途径,才能至于德之目标,才能不断地提高学科教师编制和使用学科课程纲要、作业规划设计和导学案的水平,才能规范教师的课堂教学行为,才能"减负增效",才能教得高效,学得愉快,考得满意!

也只有如此,才能使我们的教师在道德的环境中进行有道德的教学,使课堂教学的过程成为学生高尚的道德生活和丰富的人生体验,使课堂教学的过程和结果都符合道德要求,使学科知识增长的过程同时成为学生人格健全和发展的过程,让课堂生活充满生命的活力。也只有这样,才能提升学生的思维品质,促进学生的思维发展和精神成长,改变学生的思维方式和成长方式,才能给学生以"价值生命"!

教学基本功：
从细化解读课程标准开始

华东师范大学崔允漷教授说：教师专业成长的标志，就是把学科课程标准，细化分解为课堂学习目标。崔教授提倡：任何一个学科教师首先要考虑的是制订学科课程规划，也就是常说的备"大课"。教师的第一堂课，不应讲具体内容，而应该介绍课程规划，介绍本学段这几年的学习目标，让学生明白本学科自己的学习目标和任务。

新课程的教学，是基于学科课程标准的教学。理想的课堂学习，是一种有目标的学习。道德课堂要求教师每一节都必须回答好三个问题：（1）你要把学生带到哪里去？教师要回答的是学生的课堂学习目标问题：学什么？学到什么程度？（2）你怎样把学生带到那里？教师要回答的是学习策略和学习过程问题。（3）你如何确信你已经把学生带到了那里？教师要回答的是学习效果的评价问题。回答不好这三个问题，一定不是一节好课。细化解读课程标准，整合教材（学材），从基于学生学习的认知规律出发，科学设置符合"学情"的学习目标，是教师的基本功，是教师进行教学设计的前提条件。

国家课程是国家规定的必须要开设的课程，是有相对统一的教材（学材）的课程。现行教材（学材）更多地基于编写者对于文化的解读和把握，更多地站在了文化传承的立场上，站在了教育者和成年人的立场上，来衡量教材（学材）的意义与价值，更多地强调了教材（学材）的经典性、教育性，而似乎是忽略了处于特殊的身心发展时期的学生的感受与期待。教材（学材）教育价值的体现，最主要的不在于它承载了教育者多少教学内容，而在于它与学生心灵间的对接性和可通达性，在于学生能不能对此产生兴趣并顺利进入，能不能产生情感体验和心灵感悟。

一所学校教学质量与另一所学校教学质量的差别，很大程度上取决于对国家课程的把握，对学科教材（学材）的处理。虽然国家课程是由国家制订的，但具体到学校里，还得从教师的实际、学生的实际出发，对课程教材（学材）加以重新编排，包括教学内容、教学方法的处理。教师在课堂教学中首先要确定学生的起点，据此决定教学内容讲解的详细安排。有详有略，有取有舍，有加有减，这就是学科教师的课程实施能力问题，也就是学科教师的学科能力问题，更是校长的课程领导力问题。针对国家课程来说，对教学中空白点、关键点和难点的分析把握是至关重要的。如果不对国家课程、教材（学材）进行校本化开发（二次开发），课堂学习目标不明确，课堂效果不理想，仅靠加班加点，延长学习时间，仅靠过量的课外作业，学校教学质量的提升肯定是艰难的。这样的教学肯定是一种非理性的教学，这种劳动肯定是一种又苦又累的重体力劳动，这种状态下的质量提升，肯定是以牺牲师生生命质量为代价的。

基于此，郑州市一直把"细化解读课程标准，整合教材（学材），科学设置学习目标"作为学科课程建设的第一要务。推进课标解读，一是要解决认识问题，二是要解决方法问题。

关于对解读课标的认识问题，目前，郑州市的教师达成的共识是：细化解读课程标准，整合教材（学材），科学设置学习目标，是做好教学工作的基础的基础，是减负增效的必由之路，是迈上理性教学之旅，提升师生日常教学生活质量的必由之路。每个学科教师，对本学科、本学段要达到的学习目标必须了然于胸，每学年、每学期要达到的目标，每一单元、每一章节、每一课时要达到的目标都必须明明白白，清清楚楚。教师就像导游，学生就像游客。导游要把游客带到哪里去？要去哪几个景区？每个景区游览几个景点？每个景点是自然景观，还是人文景观？有什么历史渊源和文化内涵？如果导游自己不清楚，怎么会是一个合格的导游呢？细化解读课程标准，整合教材（学材），科学设置学习目标，实质上是国家课程的校本化开发（二次开发）问题，也就是国家课程在本校的有效实施问题，更是学科教师的学科能力问题。不会对国家课程进行校本化开发（二次开发）的教师，不是合格的教师。

  关于解读课标的方法问题，郑州市制发了《关于全面推进细化解读课程标准工作的指导意见》，全市整体推进课标解读，成立了解读课标领导小组，选择了示范学校，选择了示范学科，为大家作示范引领。定期召开不同形式的研讨会，进行交流碰撞，以期实现专业共生，找到解读课标的规律、途径和方法。郑州市向全市中小学学科教师提出的具体工作要求：一是群策群力，细化解读课堂标准，形成各学段、各学科具体的学习目标；二是强化技能，全面提升实施能力，找到落实学习目标的具体方法和有效途径，核心是课堂教学模式的改革与创新；三是加强监控评价，保障目标的达成，通过学习目标、课程目标的梯次完成，最终实现培养目标。

教学基本功：
编制基于标准的学科课程纲要

美国大学的教授，在上课的第一天都要分发给学生一个课程要点。简单的只有一页纸，仅仅列有课程名称、教师姓名、阅读材料和功课要求；复杂的则从教师的基本信息到课程目的和学习目标的细节，应有尽有。这个课程要点就是课程纲要。美国的大学都要求教师和他们的学生共享课程纲要。美国大学教的第一次课，通常并不讲授具体的课程内容，而是把课程纲要发给学生，和学生一起讨论这份课程纲要，以求达成某种共识。

我认为中小学教师也必须高质量地编制所任学科的学科课程纲要。这是一个学科教师必须具备的教学基本功。这也正是崔允漷教授给我们提出的基本要求：任何一个学科教师首先要考虑的是制订学科课程纲要，也就是常说的备"大课"。教师的第一堂课，不应讲具体内容，而应该介绍学科课程纲要，介绍本学段这几年的学习目标，让学生明白本学科自己的学习目标和任务。

所谓学科课程纲要，就是指学科教师依据学科课程标准和学科学材（教材）编制的某学期、某门课程，体现课程元素，指导学生"学"与教师"教"的计划纲要。学科课程纲要与教案、教学进度表的主要区别在于课程纲要完整地体现了课程元素——课程目标、课程内容、课程实施与课程评价。教案往往着重关注内容与方法，教学进度表主要包括教学时间与内容安排，都没有完整地体现课程的基本元素。

每一位学科教师，在新学期开学前一周必须上交一份所任学科本学期的课程纲要，并在教研组内进行交流、分享与同伴评议。在新学期的第一次上课时，与学生分享课程纲要，让学生知道本学期、本学科的学习目标、学习内容等计划要点。

第一，编制学科课程纲要是学科教师专业化成长的必经之路。教师编制学科课程纲要的过程，实际上就是对本学期学科教学实施进行整体规划设计的过程。因此，教师必须厘清本学期的课程在本学科课程中的地位与价值，明确本学期的课程内容与本学科课程整体的逻辑关系，明确知识点与课程目标之间的逻辑关系，从而从整体上把握课程实施的目标与内容。

学科教师编制学科课程纲要的过程，也是对实施教学所需要的各种条件的审视过程。学科课程纲要是一种规划，也是一种对教学实施的预期设计，必须充分地考虑保障教学顺利实施的各种必要条件。教师个人编制学科课程纲要只是教师个体对教学条件的审视，教研组对学科课程纲要的集体审议则是对学科课程纲要实施的可行性、合理性的集体评估。这是国家课程校本化实施不可或缺的过程。

学科课程纲要不仅是教师的教学设计方案，同样也是指导学生学习的蓝本。对于学生来说，学科课程纲要描述了学习的目的地，画出了学习线路图，并且提出了学习的基本要求，因此，学科课程纲要有利于学生明确本学期所学课程的总体目标与教学安排，从而明确自己的学习任务，把握学习内容的逻辑框架，进而学会规划自己的学习。这是国家课程生本化实施的必然要求。

由于长期以来课程意识的淡薄和管理的薄弱，课程管理基本上只局限于教学进度的管理。学科课程纲要要求教师对本学期的课程教学进行全面的设计，而学科课程纲要确定过程中的集体审议程序保证了课程的全部元素都被纳入学校课程管理的范畴。教研组和教师个体在课程纲要审议中的主体作用使得课程纲要的确定成为教师自己的事，有利于避免课程管理的形式化、行政化的倾向。

总之，学科教师编制学科课程纲要既有利于学科教师整体把握课程目标与内容，又有利于学科教师审视满足课程实施的所需条件，也有利于学生明确所学课程的总体目标与内容框架，更有利于学校提升课程管理水平，是学科教师变经验型教学为专业化教学、变非理性教学为理性教学的必然要求。

第二，编制学科课程纲要必须具备四项基本的教学素养。学科教师要编制高质量的学科课程纲要，一是必须回答好三个问题：(1) 你要把学生带到哪里去？教师要回答的是学生的课程学习目标问题：学什么？学到什么程度？(2) 你怎样把学生带到那里？教师要回答的是学习策略和学习过程问题。(3) 你如何确信你已经把学生带到了那里？教师要回答的是学习效果的评价问题。二是必须具备三种基本教学能力：设计教学的能力、实施教学的能力、评价教学的能力。回答不好这三个问题、不具备这三种基本教学能力的教师，一定不是一位合格教师，也一定不是一位好教师。三是必须把握三个前提：把握学科思想、掌握学科知识体系、明确学科课程目标。把握不好这三个前提，学科课程纲要的编制设计就无从谈起。四是必须做到三个读懂：读懂课标和学材（教材）、读懂学生、读懂课堂。这是学科教师高质量地编制设计学科课程纲要的基础的基础，前提的前提。

第三，编制学科课程纲要必须把握基本的构成要素。学科课程纲要的构成要素应该包括：一是一般项目：学校名称、科目名称、设计教师、课程类型、适用年级、课时、日期。二是课程元素：课程目标、课程内容、课程实施、课程评价。三是所需条件：为顺利实施该课程需要学校提供的条件。

编制学科课程纲要关键是处理好四个课程元素：课程目标是构成课程内涵的第一要素，制订目标的依据是对学生的研究、对课程标准的解读、对学材及其他资源的分析把握；总体把握学材内容难点、重点等；明确表述学习活动的组织与安排；确认评价的内容与方式。

第四，编制和完善学科课程纲要要发挥学生的作用。课程纲要是分发给学生的，应该以学生学习为中心来编制设计，最好使用第二人称，让学生深切感受到自己就是学习责任的承担者。亲切友善的纲要比起防范和限制性的纲要，更容易让学生记住课程信息，更能激发学生的学习积极性，产生更好的学习效果。课程纲要不是一成不变的，每个学期结束时，教师都要在一个学期教学经验的基础上进行修订和完善。教师要发挥学生在课程纲要设计与完善过程中的作用。

一份编制质量高并被有效使用的课程纲要，能够规范教师的教，指导学生的学，并有助于师生关系的和谐，因而是低碳高效的，是规范教学行为、减轻不必要的学习负担、提高教与学质量的重要保证。

教学基本功：
编制基于学生学习的导学案

  关于教师的教学基本功，我表达过自己的一些观点。众所周知，新课程的教学是基于课程标准的教学，因此，我认为要扎实教师的教学基本功，应该从解读课程标准开始做起。学科教师通过细化解读课程标准和学材（教材），一定要生成一个学科课程纲要和一个作业建设规划设计，并在此基础上，为学生编制每一节课的导学案。这是任何一位学科教师必须认真修好的"功课"，是教师专业成长的重要标志，是教师"会"教学还是"不会"教学、是"新教师"还是"传统教师"的本质区别。这也正是推进道德课堂建设，要求教师必须具备的基本教学素养之一。

  所谓导学案，是指教师依据学科课程标准和学材（教材）以及学生的认识水平、知识能力，为学生设计编写的指导学生"先学"和课堂自主学习的方案，也称学案、学习卷、学习指导书。导学案，是课堂学习的抓手，一开始是学生学习的"学步车"，然后慢慢过渡成为学习的路线图和"导航仪"。编制导学案的实质，就是国家课程的校本化、生本化实施；核心是"教材"变"学材"，有效地指导学生的"先学"，提高学生自主学习、探究性学习、创新性学习的能力。

  第一，要明确导学案编写的基本原则和要求。 教师编写导学案，一是要坚持课时性原则：按课时编写导学案，把握和控制课时学习的知识量，增强学习的针对性、计划性，促进课时学习目标的达成和课堂学习效益的提高。二是要坚持主体性原则：导学案的使用者是学生，要确立学生的学习主体地位，让学生在"做"中学。三是要坚持导学性原则：教师要站在学生的立场上去思考、设计导学案，指导学生应该如何去"做"，突出学法指导；导学案中学习目标设计、疑难问题提示、解题思路、方法、技巧等指导性内容和要素，要构成一条明晰的学习线路。四是要坚持问题性原则：知识以问题的形式呈现，问题设计要精心，形式要多样；问题和学习目标相一致，防止把导学案搞成"习题集"或"练习册"。五是要坚持层次性原则：导学案所涉及的课堂学习内容，要分层探究，有序引导，体现知识的生成过程，要由浅入深，由低到高，螺旋式上升，同时关注不同层次学生的不同需求；导学案的设计，一般分为识记、理解、应用、拓展四个层级。六是要坚持探究性原则：尽可能设计可供学生在研究中学习的内容，有可供师生丰富完善的"留白"处，有利于学生的创新性学习和创新意识的培养。

导学案的编写，要切实落实构建道德课堂生态的理念，完善学习方式，拓展学习时空，倡导自主探究，使学生真正成为学习的主人。要坚持向课堂要质量的理念，优化学习过程，减少无效或低效学习活动，力求在减轻学生课业负担的同时提高课堂学习质量。要加强对教研组、备课组的建设和管理，搭建备课组合作共享的实践平台，充分发挥骨干教师的作用，促进教师专业发展和团队水平的整体提升。

第二，要把握导学案设计的基本环节。 设计编写导学案，除了要注意"学校、学段、科目、学材（教材）版本、章节或者单元、篇目、编写者、审核者、激励话语（名言、警句）"这些一般格式外，还要把握其基本环节。一是学习目标：包括知识目标、能力目标、情感目标，目标一定要具体、明确、可操作、可评价。二是学习的重点难点：重点难点的把握要准确；要根据学生的认知水平、知识背景，预测可能出现的难点；根据课程标准和学材（教材），确定重点。三是学习过程和学习策略：学习环节组合要合理、恰当、灵活，符合学材（教材）内容；学习步骤要自然、流畅，不僵化。学生活动设计要有针对性，每一个环节、步骤学生应做些什么，如何做，设计要具体，让学生在学习中有明确的目标和方向。问题设计要有层次，有内在的逻辑联系，解决一个问题的同时也是解决了下一个问题的前奏，让学生在解决问题的过程中，学会思考问题，学习和掌握解决问题的方法。教师活动设计要体现对学生学习活动和学习方法的指导，根据课堂学习的生成情况选择精讲内容，精讲时间安排适时、适当。学法和教法的设计，要体现出优化和融合。四是学习反思：及时进行学习反思，总结得失，更好地为学习服务。五是作业布置：作业设计要分出层次，是基础练习，是一般应用，还是综合、灵活应用，是独立完成，还是合作完成，以及完成时限都要有规定性要求。六是归纳总结：课堂学习任务完成后，学生应该在教师的启发、指导下，完成对本课所学知识、方法、规律的归纳和总结。当然，不同的课型，比如新授课、复习课、讲评课等会有不同的环节设计。

第三，要加强对导学案的管理和使用。一是要加强学科教研组和备课组建设。导学案的质量，直接影响着课堂学习的各个环节和课堂学习的质量，一份高质量导学案的形成，既是个人智慧的体现，更是集体智慧的结晶。因此，优化集体备课流程，提高校本教研的有效性是高质量编写导学案的前提条件。首先，根据学科课程纲要和作业建设规划设计，教师个人初备，形成个案；其次，教师同伴集体研讨，形成初案；再次，在集体备课的基础上，主备教师对初案进一步完善、整理，形成规范的教学设计，完成对定案的编制；之后，学校有关领导以及教师同伴跟踪观课，形成复案；最后，课后交流反思，进一步修订完善，形成补案，以备后续使用。我极力主张学生能够参与课后交流反思，更有利于导学案补充完善。二是要指导学生有效使用导学案，切实起到"导学"的作用。指导学生主动、独立使用导学案,不管课前还是课中学生都要主动依据导学案进行自学探究,自行解决导学案中基础题部分,生疏或难以解决的问题做好标记,有待于与同学交流或在课堂上向老师质疑;课堂上注意做好学习方法和规律的笔记,便于后续复习,学完一课后,要在导学案的空白处写上"学后记"(学后心得);定时将导学案进行归类整理,装订成后续复习资料。三是教师要以学定教,灵活使用导学案。课堂上要随时把握学情,灵活进行调控,学生自己能解决的问题坚决不讲,教师只讲学生的疑点,引导学生总结规律、提炼方法,最大限度减少多余的讲解和不必要的指导,确保学生有足够的学习和练习时间。教师要采用多种教学方式和先进的教学手段,激发学生学生的兴趣,提高课堂学习的实效性,以实现学和教的协调发展。

　　导学案的质量,体现的是教师对课程的把握程度和教学设计的水平,是教师的专业成长过程的记录和记载,也是教师专业发展的重要标志。因此,对导学案的积累、完善和后续使用的传递,更是导学案建设的重要组成部分。

教学基本功：
基于学生发展的作业建设

作业，是教学必须高度关注的领域。当前，教师在实施教学过程中对作业效度的轻视，几乎是个"致命伤"。突出的问题：一是教师的教学与练习（训练）内容脱节，层次性、跨度的把握不当；作业的选择与容量比较随意，缺乏学科教学的整体思考，与之前、之后的学习关联性不突出，而且批改作业的结果未能很好地为课堂教学的反思和改善服务。二是作业和批改缺乏针对性。耐心的"面批"不见了，有效的"订正"没有了，取而代之的是千校一面做"一课一练"、教师公布答案、学生批改作业等现象，教师根本掌握不了学生真实的学习状况。高质量作业的缺失将教学的基本环节"拦腰斩断"，使辅导无法跟进，考试又层层加码。三是命题未能很好地按照课程标准实施，评价也未能很好体现绝对评价、个体差异评价、过程性评价、发展性评价思想。归根结底是学科教师的学科能力问题。

新课程的深入实施，要求我们的教师必须更新作业观念，站在学科课程建设的高度，对学科作业进行整体思考、规划和设计。

第一，学科教师必须把握"三个前提"，即把握学科思想、掌握学科知识体系、明确学科课程目标。这是道德课堂要求教师必须具备的教学素养之一。把握不住这三个前提，教学设计就无从谈起。同时，道德课堂要求教师必须具备三种基本教学能力，即设计教学的能力、实施教学的能力、评价教学的能力。设计教学的能力是基础,实施教学的能力是关键,评价教学的能力是保障。教学设计能力必定包含作业设计能力,加强作业建设、提高作业设计能力,就必须把握好"三个前提"。学科知识、学科能力、学科思想是学科体系的三个要素,学科思想就是一个学科中的基本思想方法,是一个学科的灵魂,不同的学科,学科思想的内涵是不同的。谁牵住了学科的思想这根红线,谁就能举重若轻组织教学,谁缺乏对学科思想的研究,谁就只能陷在学科知识的汪洋大海中,眼前总有讲不完的知识和习题。任何一个学科都有其思想体系,虽说学科知识是庞杂的,但都隶属于不同的分支,各分支又归属于某主干。认识到其中的规律,再教知识或学知识,才能纲举目张。更重要的是,只有成体系的知识和技能,才能成为解决实际问题的方法。学习科学文化知识的目的就在于更好地解决生活和生产中的实际问题。学科课程目标具有三个维度,通过教师和学生的双边教学活动,让学生掌握学科知识、提升学科能力、获得学科思想,是我们要达到的目标。学科教学是这样,基于促进学生发展的、与学科教学同步整体规划设计的作业建设亦然。

第二,学科教师必须构建作业体系。让学生掌握学科知识并不是学习的最终目的,让学生形成学科知识体系、掌握学科思想方法、激发学科学习兴趣、提升学科学习能力,才是学生发展的标志,才是教学的最高境界。因此,学科教师在把握"三个前提"基础上,必须建立与学科课程纲要(学段、学期、单元或章节教学整体规划设计)相配套的作业体系。这就需要细化解读课标和教材(学材),认真梳理教材(学材),理清主干知识、支干知识、知识点、重点、难点,也就是人们常说的要形成一棵知识树。根据知识分布图、针对各个知识点(或拓展点)来研究设计作业,才能形成学科作业体系,才能纲举目张,才是理性教学和理性作业。这是一个教师必须具备的基本的教学能力。

第三,学科教师必须创新作业形式。作业已不再是课堂教学的附属品，而是重建与提升课程意义与人生意义的重要内容。我始终认为，学科教师规划设计作业一定要遵循一些原则：百学"趣"当先，题量少而"精"，题型灵"活"多样，切合学生"实"际。"激趣、取精、求活、务实"的作业不是一种特定的作业形态，而是新课程观念下，对作业模式的改革、突破和创新。其中"趣"是灵魂，是建立在"活"的基础上的"趣"，而"精"与"实"则使"趣"更加具有科学性、规范性。这就要求学科教师思考、规划和设计作业，都必须遵循规律，依据原则，才能设计出学生喜欢的作业。

　　作业是一种有目的、有指导性的学习过程，不但要有助于学生对所学知识的巩固、深化，更要有益于技能、智能和创新能力的发展，为学生提供实践和应用的机会。其规划设计思路应当突破以往单纯拘泥于书面形式的局限，向课外延伸，与生活接轨，增强作业的趣味性、实践性、探究性，促使学生在作业过程中自主地获得新知。作为学科教师要更新观念，着眼于全体学生，改变作业的内容与形式，优化作业设计，体现学生在做作业过程中的自主性、开放性、探究性和综合性，让学生在应用知识中创新，在创新中全面发展。作业的形式应该有书面作业、口头作业、分层作业、合作作业、实践作业。实践类作业应该包括动手操作作业、收集类作业、调查访问作业、艺术性作业、想象作业、探究性作业。哪些学习内容、知识点适合哪种作业类型，是学科教师必须认真思考、研究解决的一个要害问题。同时，我极力主张让学生参与作业设计，鼓励学生自己独立设计或合作设计作业。

　　第四，学科教师必须改革作业评价。作业评价是学科教师的基本功之一。作业评价关系到作业布置的成效，要采取多样的作业评价方式和方法，对学生的作业进行有效评价。一是在评价方式上，作业评价可以采取教师评价、同学互评、学生自评、家长评价等多种方式，根据不同类型的作业采取不同的评价方式进行评价，也可一次采取多种方式进行评价。二是在评价方法上，作业评价不仅要关注作业完成的结果，还要关注学生完成作业的过程。学科教师要针对作业，特别是实践性和探究性作业的内容和特点，设计相应的评价工具，如调查问卷、过程记录表、评价表等，了解和把握学生做作业过程，增强作业评价的针对性和实效性。三是要反馈作业质量等级，也要反馈发展建议。评价结果的呈现不仅仅是分数或等级，还要立足于学生发展，对学生作业中存在的共性问题和个性问题提出改进与完善的建议，反馈的形式根据作业的特点，可以书面反馈，也可以口头反馈。

通过作业评价的改革，要实现由针对个体评价向针对合作小组评价转变，由关注结论向关注过程转变，由纠错型评价向欣赏激励型评价转变，由单一评价向综合评价转变，构建由师生单向评价向多向评价转变的开放式评价体系。

总之，在进行作业建设的过程中，学科教师要在实践行动中转变作业观念，做到尊重学生的个别差异，尊重学生个性化的学习方式，真正成为学生学习活动的引导者和组织者。树立适应新课程理念的作业观，构建实现课内外联系、校内外沟通、学科间融合的作业设计体系，让作业成为培养和发展学生素养的有效途径。让学生从课内走向课外，从书本走向生活，从统一走向多元，在完成不同类型的作业的基础上，获得不同程度的成功，并在作业过程中，学会与他人合作，学会学以致用，学会在实践活动中检验知识，获得全面、主动的发展，最终为自己的终身发展奠定良好的基础。

教师文化：从惰性走向积极

每个人都是有惰性的，我们的教师也不例外。目前，在为数不少的中小学校，还不同程度地存在着一种"惰性"的教师文化。正是这种"惰性"文化的影响，使得我们的一些教师：懒于学习理论，教育教学没有新课程理念的支撑；懒于思考教学现状，导致教学方式的一成不变；懒于进行教学素养积累，教学失去了应有的灵气与生气。在推进课程改革的过程中，不仅可以看到一些教师在新课程、新方法接受过程中的剧痛，而且可以看到一些教师对新课程、新方法的抗拒。

我觉得"惰性"可分为两种，一种是主观上的，另一种是客观上的。我并不否认，在我们的教师群体中，确实有个别教师存在主观原因，工作比较懒散、消极。但是，更多的应该从客观的角度去分析教师产生惰性的原因。教师的"惰性"，更多是教师对教学工作"无助"的表现。作为教师，谁不想出色地工作？谁不期望赢得领导的青睐？谁不渴望获得成功的体验？但是，有时候许多一线教师因为经验的缺乏或缺少适时的指导，在教学中没有方向，不知从何做起，不知怎样做才合适，长期处于教学受挫的状态，体验不到教学的成功与快乐。久而久之，便丧失了对工作的热情，就会表现得消极、不积极。

但是，我们必须切记：教育拒绝惰性！

第一，校长要以先进的办学理念，构筑积极向上的学校精神，找到

学校的灵魂。人总是要有点精神的。尤其教师，作为学生人生成长的导航者和引路人，更是需要一种精神，而且是一种积极向上的精神。有了这种精神，教师才会在驾驭生活、享受生活的同时，引领学生进取向上，促进学生健康成长。校长精神决定着学校精神，校长的灵魂决定着学校的灵魂，决定着办学的层次与品位。校长的灵魂来自于他的教育思想，决定着学校的教育行为。作为一名校长，必须以自己先进的办学理念，来实现对学校的教育思想的领导；遵循教育教学规律，把握教育前沿动态；致力于营造尊重、民主、宽容、积极、和谐的学校生态和文化氛围，引导教师主动确立正确的教育理念、价值追求和职业行为方式，主动谋求教师行为与学校制度文化的和谐一致，主动实现教师个人目标和学校目标的高度一致。不仅仅校长的专业水准和专业精神影响教师思维品质和思维水平的提升，而且校长的人格魅力对促进教师的专业成长和主动发展也起着至关重要的作用。因此，在践行自己办学理念的实践中，校长一定要适时凝练出学校精神，找到学校的灵魂，并以自己高尚的人格魅力获得教师集体共同的价值认同，确立教师集体积极向上的精神追求，形成善于合作、主动进取的教师团队，构筑教师主动成长、主动发展的精神家园。

　　第二，**校长要帮助教师解决教学"无助"问题，帮助教师找回职业的幸福与快乐，让教师获得职业认同。**校长的角色定位应该是服务者，不应该是"管理者"；校长的思想定位不是"管"教师，而是服务于教师成长，帮助每一位教师找回工作的幸福与快乐。新课程的深入实施，道德课堂建设的不断推进，注定校长不仅仅是专业引领者，更多的是教师的好同伴。教学即研究，没有研究，就没有教学。校长要帮助教师解决教学中的"无助"问题，就要充分发挥"同伴互助"的作用，因为"同伴互助"是以校为本的教学研究的标志和灵魂。校长只有引导帮助教师把教学中遇到的问题转化为研究课题，指导帮助教师进行有效研究并不断地促使教师的教学行为得以改进,帮助教师进行有形成果的积累,以使教师获得成就感,从而获得职业认同,才能帮助教师找回属于自己的那份幸福与快乐,才能在教师群体中确立"为了享受生活而学习,为了找回幸福而奋斗"的人生理念,才能激起教师自主发展、主动发展的渴望。校长能不能在自己的内心深处把自己定位为教师的"服务者"和教师的"同伴",走与教师共同成长之路,是校长真想办好学校,还是"假"想办好学校的试金石,更是校长能不能办好学校的关键要素!

第三,教师要强化职业意识,实现教师个人的自主发展和主动发展,高质量地享受自己的教育人生。教师是一种特殊的职业,其职业意识关系的不只是教师个人的发展,更关系着学生的发展。教师的职业意识包括专业成长意识、责任意识、时代意识、未来意识等。一个缺乏专业成长意识的教师不可能给予学生更广阔的自我发展空间,一个缺乏责任意识的教师贻误的是一群学生的发展,一个没有时代意识的教师不可能将学生的目光引向未来,一个缺乏未来意识的教师不可能将他的教育生活与学生的终身发展联系在一起。

一个有职业意识的教师,才不会以收入的多少来衡量自己的付出,才不会把学生的考试分数册看成是自己的工资表。当然,我不是说让教师不计报酬,一味地无私奉献,而是说,做了牛,就不能误春。教师一旦承担起教育的使命,自己的思维就得定位于学生身上:以学生的发展为本——每一个教育的时刻,都不会缺位;每一个教育时机,都不会放过;每一个教育个体,都不会忽略。我一点也不欣赏"教师要乐于无私奉献"这类警语,因为在我看来,"无私奉献"这个词将教师的个体发展需要排除在外,很长一段时间我们脑海中的优秀教师形象就是"带病坚持工作,为了工作不管家庭责任,甚至于将自己应尽的为人父、为人子、为人母、为人女的义务也抛给家庭的另一半"。教师应该是:既要学校,也要家庭;既要学生,也要子女;既要工作,也要健康。在实现自主发展、主动发展的同时，不断提升驾驭生活、享受生活的能力，从而高质量地享受自己的教育人生。

在我看来，一位优秀教师一定是有着强烈自我发展需要，并且将个人的发展与学生的发展联系起来的教师。他张扬自我，有着鲜明的教育个性。只要在位，他就不会怠慢工作，疏于自我发展，"惰性"永远与他无缘！

教师文化：从强势走向民主

目前，在为数不少的中小学校，还不同程度地存在着一种强势的教师文化。正是这种强势文化的影响，使我们的教师相对于学生而言，总是处于一种"专制"的地位，时常错用、滥用自己的权力，不能公平地对待每一个学生。

在教学过程中，教师总是以"独裁者"的身份进行控制性、灌输性教学。教师总是在教，学生总是在被教；教师说一不二，学生则唯命是从。课堂成了教师中心、教师权威的场所，教师控制着传递的方式与评价的权力，学生丧失了学习的主动性，被动地、机械地进行着程序化的学习活动。这种专制性教学文化束缚了学生的发展，压抑了学生个性，学生在教师的控制下总是顺从，学生在课堂上的学习只是为了配合教师的展示，课堂上缺少生命活力的跳动，少见智慧火花的碰撞，无法培养学生主动思考、批判思考的能力。课堂，应该成为每一位学生享受学习、个性发挥和创造生活的家园，不应该成为排他性竞争、酿造优越感与自卑感、扩大差异的场所。民主化教学应当是道德课堂教学最好的落脚点。唯有民主，才有生动活泼，才有个性解放；唯有民主化教学，才能唤醒"沉睡的巨人大脑"，发挥人的最大潜能。

如何从教学专制走向教学民主呢？

首先，教师应该树立道德课堂的学生观。道德课堂是以学生为主体，呈现尊重、关怀、民主、和谐学习生态的课堂。对教师而言，要从教学专制走向教学民主，变"教本"为"学本"；对学生而言，要从被动学习走向主动学习，变接受性学习为发现性学习。这就是道，就是规律。道德课堂认为，教师的角色必须重新定位。学生是学习的主人，教师是学生学习的助理，是学生的学长，是学生学习的组织者、引导者、参与者、促进者，与学生是平等的同伴关系。这也是道，也是规律。尊重、突出学生的主体地位，就是尊重规律、符合规律。尊重规律、符合规律，才是道德的。实现了这种角色转变的教师才称为"道德教师"。角色即人格，离开了"道德教师"这一角色，教师便缺失了"人格"。"道德教师"的基本品质是发现学生、研究学生、基于学情和指导学法，即从"四学"出发，高度认识并充分相信学生的自主学习能力。

其次，教师应该树立民主作风。 从教学专制走向教学民主，要求我们必须清醒地认识到，这是建立社会主义民主社会的需要。道德课堂教学所追求的目标是"为国家培养具有民主意识和民主能力的合格公民"。民主意识和民主能力是现代社会人才必须具备的基本素质。杜威在《民主主义与教育》一书中指出：为了使民主主义与教育联系起来，培养民主社会的公民，必须用民主主义的教育思想来改造和支配教育制度。民主社会是教育发展的沃土，民主社会的教育是无比先进和优越的。因此，杜威民主教育思想的核心是通过教育来塑造民主社会的合格公民。杜威认为，民主主义社会必须实施具有民主内容的教育，民主内容的要点是社会责任感和平等意识。平等民主是现代社会民主在教育教学中的一种表现，充分体现对学生在学习中的生存地位的关注与尊重。著名教育家陶行知提出"创造力最能发挥的条件是民主"。只有树立民主作风，发扬教学民主，才能真正建构民主、和谐的教学生态，使学生人格和创新思维得以良好的发展。

再次，教师应该尊重学生的主体地位。 从教学专制走向教学民主，教师必须正确认识以生为本、全面发展的涵义。素质教育的要义，是面向全体学生、提高学生的全面素质和激发学生主动地学习，使教育适应当今和未来社会发展的需要。过去的旧课堂教学往往只关注少数升学有望的学生，忽视多数发展潜力待开发的学生。这种课堂教学不仅舍弃了大多数学生的全面发展，伤害了大多数学生的人格和自尊，而且使他们在真正的生活还没有开始时就认定自己是失败者，带着不健康的心态走向社会。现代社会要求国民具有良好的人文素养和科学素养，具有创新精神、合作意识和开放意识。教师要彻底改变过去那种控制性、灌输性的教学方式，跳出"分数"和"升学"的怪圈，引导和促进学生自主学习、合作学习、探究学习，促进学生多元智能的发展，真正使课堂成为学生健康成长的乐园。

从教学专制走向教学民主，教师必须真正尊重学生的主体地位，建立民主平等、尊重信任、合作共享的和谐的师生关系。教师的权威不再建立于学生的被动与无知的基础上，而是建立在教师借助学生的积极主动参与以促进其充分发展的能力上。一个有创造性的教师应该能帮助学生在自主学习的道路上快步前进，教会学生如何处理大量的信息，教师更多的是一名向导和顾问，而不是机械地传递知识的工具。学生主体地位的确立，决定着师生关系的民主平等、互尊互爱、和谐共享，而民主、和谐师生关系的建立，则是走向教学民主的关键。在这方面，许多优秀教师为我们树立了楷模。魏书生的教学艺术凸显了学生的主体性，在教学中一切都和学生展开"商量"，"其身不凌驾学生之上而融于学生之中，其心不孤高自傲而走进学生心灵之中"。北京特级教师宁鸿彬课堂上有"三个欢迎"和"三个允许"的开放政策，即欢迎质疑，欢迎发表与教材不同意见，欢迎发表与教师不同见解；允许出错，允许改正，允许保留意见。天津著名特级教师李鉴蕙在课堂上提倡七个允许：错了允许重答，答得不完整的允许补充，不明的问题允许发问，没想好的允许再想，不同的意见允许争论，教师错了允许提意见，争论白热化时允许学生自由抢接话茬发表意见，不必举手等待教师批准。

　　因此，要实现教师强势文化到民主文化的转型，教师一定要学会尊重。尊重学生，平等地对待学生，不伤害任何一位学生的自尊；把学生视为有尊严、有个性、理当得到尊重的个体。教师一定要学会倾听。倾听，是一种理解，是一种美德；倾听，是一种品质，是一种素养。教师一定要学会共享。通过构建师生和谐的学习共同体，从而达到共享知识、共享智慧、共享人生的价值和意义。

教师文化：从竞争走向合作

人们常说，教师是太阳底下最令人尊敬的职业，教师从事的事业是育人，是点燃火焰、呼唤心灵、塑造灵魂。教师理应享受到职业的快乐与幸福。可是，一些地方、学校、教师，一直以来体验到的却是职业倦怠、疲惫，甚至是职业痛苦。我们认为，教师的职业倦怠、疲惫甚至痛苦，主要来自于教师的心理贫困；心理贫困主要来自于教师的心理环境不和谐；心理环境不和谐主要来自于教师同伴之间的不合作。不合作，教师个体只是一个自然人。有的属于功利化的自然人，有的属于敝帚自珍式的自然人，有的属于"文人相轻"式的自然人。目前，极为紧迫的是促进教师从自然人到"教育人"的转变。

要实现这种转变，必须首先实现教师文化的转型。所谓教师文化，就是影响教师行为的"潜规则"。它内隐于教师的内心，对学生起着潜移默化的影响；外显于校风、教风，渗透于教育教学之中。教师对待工作的态度、对待教学的态度、对待学生的态度、对待同伴的态度以及教师的种种教育教学决策，都间接或直接地受到教师文化的影响。教师文化是教师成长的土壤，它在深层次上对教师产生着影响，并制约着教师的发展，也决定着教师的生活质量和生命质量。当前，在为数不少的中小学校还不同程度地存在着传统的教师文化，主要表现为一种"竞争"的文化。正是这种"竞争"文化的影响，造成了教师合作精神的缺失和团队意识的淡薄。同伴之间"老死不相往来",像防贼一样防同伴。校本教研活动形同虚设,同伴互助更谈不上。这正是造成教师心理贫困、职业倦怠甚至职业痛苦的重要原因。

推进新课程的目的之一,就是要实现教师文化的转型,促进教师专业生活状态的改变,提升教师专业发展水平、日常教学生活质量和生命质量。合作,是教师文化发展的方向。合作、交流和对话理应成为教师专业生活中必不可少的重要方面。在教师群体中,能有不同的思想、观点、教学模式、方法的交流、碰撞和冲突,是非常重要的、宝贵的。新课程改革非常重视合作,无论是研究的内容,还是研究的方式,都涉及多门学科知识和领域,它需要教师之间更紧密、更有效的合作。教师之间的同伴互助是提高教师教学能力,促进教师共同成长的一种重要途径,也是校本教研的重要标志和灵魂。

我们强调实现教师文化转型,促进教师合作,其目的是促进学生的社会性发展。当今的孩子聪明、见识广,有很多父辈们所不及的优点;但也有不少弱点,其中"不关心他人,不会合作共处"是致命弱点。学生的社会性发展靠合作,学生的合作靠引领。教师的合作精神,教师创造的合作环境,对学生的合作产生着至关重要的影响。

促进教师合作的责任在校长。第一,靠机制。校长要建立和完善有利于促进教师合作的管理机制。学校制度建设、管理方式、教师评价等都应该有利于教师合作精神的增强和合作效果的提升。比如,教师评价既要重个人,又要重集体,甚至重集体要重于重个人。再比如,在校本教研中,校长要通过集体备课、专人主讲、观课会诊、研讨提高的工作方式,通过讲座、论坛、沙龙、现场研讨等教研形式,为教师创设专题研究、信息交流、经验交流、经验分享的平台,通过教师之间开放、合作、协调、支持、共享的专业对话,达到同伴互助、经验分享、学术互动、专业共生的目的,以增强合作的有效性和积极性。第二,靠引领。

校长要通过加强处室的合作来引领教师的合作。学校的教务处、政教处、科研处等部门，工作对象一样，工作目的一致，必须强化合作，不能各吹各的号，各唱各的调。自 2006 年以来，郑州市一直致力于以学校"教务、政教、科研三处合作"为主题的实践与研讨。全市各学校对"三处合作"的认识不断提高，合作的领域不断拓展，合作的成效不断凸显。从统一安排工作计划，合理调配活动时间的浅层合作，逐步深入到了班级管理和教学领域，进而提升到了共同有效地实施新课程的层面。三处合作，不单单是一种工作方式的变化，而应该是现代学校管理及教育模式的改革和创新。要达到的目的之一，就是通过"三处合作"的实践与研讨，促进学校合作文化的生成，从而引领新课程改革的背景下教师文化发展的方向。正所谓：确立一个理念，指导一种方法，营造一种氛围，引领一种文化。

当前，我们的重要任务是把人为合作阶段推向自然合作阶段，引导人为的教师合作文化最终达到自然的合作文化。在自然的合作文化中，合作不是行政命令和强迫的产物，而是教师共同价值观念的必然产物，是自发、自愿、自主和超越时空的，渗透于各种工作任务和日常生活中。在这种文化氛围中，开放性的对话和讨论会使教师的思想得到启迪，教学行为得以改善，同伴的思想和良好建议会成为教师专业发展的重要资源。新型教师文化的建立，必将带来教师专业生活状态的改变，并进而提升教师专业发展水平和日常教学生活质量。那种职业倦怠、疲惫，甚至职业痛苦的体验和感受，会离教师越来越远，直至消失。在这样的职业生涯中，教师的心灵不断地得以净化，生命质量和生命境界不断得以提升，能够高质量地享受自己的教育人生！

校本教研，
既"会"又"诊"才会有效

为什么医院的医生都喜欢会诊？而我们有些学校的教师却不喜欢教研？崔允漷教授提出的这样一个问题，值得我们认真反思，并加以有效地解决。

细细想来，的确是一个非常要害的问题。医生之所以喜欢会诊，是因为每一次会诊都有实际问题要解决，那就是诊断病情，制订治疗方案，都能满足医生个人医术提高的需要，从而促进医生的专业发展和专业成长。学校的教研活动实质上也是"会诊"，通过诊断和解决教学中的问题，来满足教师专业发展和专业成长的需要。有些学校的教师之所以不喜欢教研活动，是因为教研活动无效，只"会"不"诊"，更谈不上解决问题，不能满足教师专业发展和专业成长的需要。

医生"会诊"，教师"教研"，同一性质的职业生活方式，却有如此的反差，的确很值得深思，并认真地加以解决。如何让我们的教师喜欢教研？我觉得应该把握住以下几个关键问题。

第一是研究问题。学校的校本教研活动是用来解决问题的。研究的起点是教育教学中出现的问题，研究的归宿是解决这些问题，最终的目的是促进学生的发展、教师的发展、学校的发展。教学中的那些有价值的真问题一个个得以解决，就是教师成长的标志。解决老问题，生成新问题，不断地解决问题；在不断地解决问题的过程中促进教师的专业发展和专业成长。没有问题要解决,就不需要校本教研。没有问题就是最大的"问题",提不出有价值的问题,就是没有层次。没有问题解决的教研活动是没有意义的校本教研。当然,并不是所有的"问题"都能成为校本教研研究的问题。校本教研研究的问题,应该具有一定的普遍性、代表性、典型性和相对复杂性等特点。

  第二是主体参与。校本教研是一种"从学校中来,到学校中去"的研究活动。从方法论的角度来看,校本教研是行动研究;从实践论的角度来看,校本教研是教师改善自身行为的反思性实践和专业成长的过程;从本体论的角度来看,校本教研是教师职业生活的基本方式和特征。学校是研究的基地,教师是研究的主体,教室就是教研室。"在学校、基于学校"主要是指学校、教师的主体性、主动性。没有教师的主动参与,就不可能存在真正意义上的校本教研。学校的校本教研活动,应该让教师带着问题、带着兴趣而来,带着收获、带着更多的问题、更大的兴趣而归,进入那种提出问题—尝试解决问题—生成新问题—解决新问题—再生成问题的螺旋循环的轨道而又乐此不疲的境地,让教师的主体性、主动性得以充分发挥。

  第三是成为系统。校本教研既然是一种研究,就应该具备一定的科学性、系统性,不然就只能算是一种"随意性问题解决"。郑州市的校本教研活动,集全市广大教师的共同智慧,逐步形成了"四四五三三"[①]的校本教研的基本框架,进而推进到了学科建设的层面;又形成了"五三二二"[②]的学科建设的基本要求,进而又把学科"课程建设"确立为学科建设的重点,把"细化解读课程标准,整合教材,科学设置课堂学

  [①] "四四五三三":明确四个观点;澄清四种糊涂认识;把握五个要点;必须做好不可缺少的三项工作;校本教研工作要有"三抓"。详见《教育即道德》,山东文艺出版社2011年版。

  [②] "五三二二":抓好五项建设;提高三种能力;关注两个问题;做好两项工作。详见《教育即道德》,山东文艺出版社2011年版。

习目标"确立为学科课程建设的第一要务,并把"课堂教学的改革与创新"作为突破口。研究的问题逐步深入,教师的认识不断提升,工作的方向越来越明确,我们觉得这就是一个系统。没有系统解决问题的校本教研活动,只能是一种低层次的校本教研。

第四是教学改进。医生会诊,是集大家的智慧诊断病情,找到病因,确定治疗方案;其目的是为了消除病情,让病人恢复健康。校本教研是一种教学"诊断",是集大家的智慧研究教学中出现的问题,找到产生这些问题的原因,研究确定解决问题的办法;其目的是为了解决问题,促进课堂提升,学生成长,教师进步,学校发展。校本教研的研究成果必须用于解决问题,改进教学,促进教师和学生的共同成长,促进学校办学品位的不断提升。这是校本教研的最终目的,也是校本教研"应用研究"的角色定位所决定的。把校本教研的结果束之高阁,也不是校本教研。

郑州市的大多数学校在推进校本教研的进程中,努力地去把握这几个关键问题,也取得了一些成效。大多数教师课标意识有了增强,角色定位有了审视,改革课堂有了行动和实践。课标解读也找寻到了一些方法,道德课堂理念下的多种课堂形态也初露"尖尖角"。

在一个教师群体中,能有不同的思想、观点、方法的交流、碰撞和冲突,是非常重要的、宝贵的;教师同伴之间在观点交流、智慧碰撞的过程中实现教师的共同成长,这正是校本教研的基本要素"同伴互助"的要义所在。教师之间的同伴互助,是提高教师教学能力,促进教师共同成长的一种重要途径,也是校本教研的重要标志和灵魂。因此,在校本教研中,学校要有效地把握这几个关键问题,既"会"又"诊",更解决问题;让我们的教师像医生喜欢会诊一样喜欢校本教研、盼望校本教研、乐于校本教研。通过教师之间开放、合作、协调、支持、共享的专业对话,达到同伴互助、经验分享、学术互动、专业共生的目的,促进教师的发展、学生的成长、学校办学品位的提升。

小课题研究促教师专业成长

教师的专业成长用什么标准来衡量,采用什么方式来促进教师的专业成长,这应该是我们时常思考、研究解决的问题。在推进道德课堂建设的实践研究中,我们的感悟和生成是:开展小课题研究,是促进教师专业成长的有效方式。

什么是小课题研究?我们认为,小课题研究,就是教师以自己在教育教学实践中遇到的,需要研究解决的有价值的真问题为课题,由教师个人或同伴几个人合作,运用教育科研的方法,在较短的时间内开展研究,取得改善实践成效的研究行为方式。

人们常说,问题即课题,教学即研究,成果即成长。新课程的实施,推进道德课堂建设的行动研究,必须还一线教师研究的权利。没有研究,就没有教学;教学中的问题,就是研究课题。研究教师身边的、使教师感到困惑而又亟待解决的问题,解决问题共识的达成,就是有形成果;教学行为的改进,效果的显现,就是无形成果的生成。有形成果的积累,促进无形成果的生成;无形成果的生成,促进教师的专业成长和专业发展。

校长应该做的是:

第一,引导教师把问题生成为课题。提出问题比解决问题更重要。因为教师需要具备发现问题的能力、分析归纳的能力、质疑反思的能力和解决问题的能力。校长要引导教师,一是从日常教学的困惑和疑难中寻找问题,比如说教师的设想、计划与实际效果之间的差距,教育教学情境中教师与学生、学生与学生等目标之间或价值取向之间的冲突与对立,教育教学中"顾此失彼"的"两难"情境,不同的人或群体对待同一教育教学行为的不同看法等等;二是从切磋交流中发现问题;三是从学生反应中捕捉问题;四是在理论学习中反思问题;五是从已有成果的应用研究中归纳问题;六是从学校或学科发展中确定问题。所谓把问题生成为课题,就是在找准自身教育教学中存在的问题基础上建立课题。在确定课题前,每位教师都要回顾反思,注重思考,把找准问题作为确定课题的前提条件,把生成课题作为发现问题、分析问题、解决问题的思考过程。例如:当前教师在课堂教学中普遍存在并迫切需要解决的问题是:如何让课堂教学既开放又有序?如何对待学生间的差异?如何设计有价值的问题?如何捕捉有利的教学时机?如何实施课堂教学评价?这些问题既是课堂教学的现实问题,也是需要教师研究的课题,把解决问题和课题研究紧密结合,既能提高教师的问题意识,也能提高教师的分析、研究和解决问题的能力。

第二,指导教师开展有效研究。 既然是课题研究,就应该符合课题研究的一般规范。校长要指导教师撰写好研究方案,一般包括问题的提出、研究的理论依据、研究的目标和内容、研究的对象与范围、研究的方法与步骤、研究组成员及其分工、研究的预期成果形式,还要注意话语体系和文字表述。

校长要指导教师根据不同内容的课题,选用不同的研究形式和不同的研究方法。在研究的形式上,有教师个人研究,有教师同伴合作研究,有学生参与研究,尤其是学生的参与更为重要。在研究的方法上,有文献资料法、行动研究法、问卷调查法、经验总结法、观察法等,还可以选用个案研究法、实验验证法、案例研究法等。

校长要指导教师有效实现校本教研、校本研修、学校科研"三研一体化"。为提高教师的研究能力，不同的部门虽然有不同的提法，但研究的对象相同，目的一致。校长要指导教师把三项工作当作一项工作来做，实现"三研一体化"，解放教师的时间，增强工作的目的性和针对性，以期收到实际效果。

第三，帮助教师积累有形成果。小课题研究的价值是解决学校里、教室内、教师和学生身边的具体问题，但并不是说小课题研究成果没有具体的呈现方式。校长要帮助指导教师，在制订研究方案时，明确研究成果的预期成效、成果的表现形式；校长要帮助指导教师，在小课题研究中，把自己在学习、思考、研究和解决问题的感悟与生成，通过"教研论文"、"教育案例"、"教育反思"、"教育日志"、"教学课例"等形式呈现出来，以促进教育教学改进。在小课题研究过程中，在研究的问题得以解决之时，教师一定还会生成新的问题。此时，校长要及时帮助指导教师建立新的课题，引导教师走上解决老问题，生成新问题，持续不断地解决问题的专业成长之路。

小课题研究，既是校本研究，又是师本研究，更是生本研究；能够很好地体现校本研究的"研究问题、主体参与、成为系统、教学改进"四个关键要素，是促进教师专业成长的有效方式。推进道德课堂建设，呼唤教师成为研究者。苏霍姆林斯基曾经说过：如果你想让教师的劳动能够给教师一些乐趣，使天天上课不致变成一种单调乏味的义务，那你就应当引导每一位教师走上从事一些研究的这条幸福的道路上来。校长应该做的是，通过小课题研究的有效推进，建立以"学习完善教育，合作产生智慧，研究提升价值"为取向的校本教研文化。通过这种文化的熏陶和影响，进而营造一种人人学习、共同合作、崇尚研究的学校文化氛围。让教师以研究的状态工作，找回自己的尊严和价值，找回自己的幸福与快乐！

把"小题"做成"大作"

审视学校课题研究的现状,我们不得不痛心地承认:有的学校真的没做;有的学校真的不会做;有的学校抱着"小题大作"的思想,借"题"发挥,借"课题研究"之名做了些与课题研究本义相背离的事。在我看来,学校课题研究,如果真想把"小题"做成"大作",就应该"小题真作"、"小题实作"、"小题长作"、"小题合作"。

"小题真作"

课题研究是与求真精神形影不离的,缺乏求真的精神,所有的课题研究都没有灵魂,也失去了存在的根基。"真作"是要求我们遵循研究的规律老老实实地观察、调查、测量、研究、总结,不能好大喜功,追求"短平快",弄虚作假,捏造事实,杜撰数据。教育教学课题研究是一个漫长而复杂的过程,需要我们平心静气地真抓实做,一步一个脚印,边思考,边实践,边研索。只有这样,才能探索到教育教学的真义与奥秘。然而,有的学校浮躁之心太重,逐利之念太浓,求成之意太厚,课题研究常常成了学校装点门面而进行的"短期突击"。"真作"应该是我们对课题研究自始至终采取的一种认真对待的态度。叶澜教授,60多岁的老太太,为了"新基础教育实验",南征北战,东奔西走,每年都要深入学校听评 100 多节课。

"小题实作"

有种实践性意味，要求我们要"脚踏实地"，作一些来自田野，回归田野的草根式研究，不能作"凌空虚蹈"的纯理论研究。道德课堂课题研究来源于鲜活的课堂生活，关注的是鲜活的教育生命，研究的结果是用来改进课堂教学，改善课堂生态，提升课堂质量。道德课堂课题研究进展情况的汇报，连课题名称都没有说出来，实在是令人扼腕！

"小题长作"

教育教学的改进及课题研究从来就不是一朝一夕就能奏效的，它需要年长日久的积累与凝聚。课题研究给学校带来的应该是文化的沉淀与积蓄，而不应该是文化的流逝与折贬。它需要激情，也需要沉静。情景教育法的缔造者李吉林老师，从 1978 年探索起步，至今还在做。苏霍姆林斯基"对于教师教学语言素养的课题研究"花了 25 年工夫；赞科夫用了从 1957 年到 1977 年的 20 年时间，进行"教学与发展的关系"这一课题研究。道德课堂的内涵需要不断地丰富，技术路径需要探索，我们必须有"长作"的思想准备。

"小题合作"

教育教学如果仅仅是一项孤独的事业，那么，教师个体注定内心充满脆弱、不安与恐惧。因为，这项事业很难有立竿见影的成效，只能在日常教育教学生活中不断地去体会它的精神意义和价值向度。这就需要通过人与人的合作、交流、沟通来促发内在价值与意义的萌生。"没有人是一个孤岛",课题研究是要从另一个角度来唤起学校的"合作文化"与"和谐精神"。单打独斗注定无路可走,孤军奋战命定败走麦城。作为校长,要让教师学会过一种团队生活,而参与课题研究就是参与不同生命的合奏与共生。苏霍姆林斯基的文章中随处都可以见到这样的描述"我们全体教师"、"我们",足以证明:要成就一项事业,必然是复数的"我们",而不是单数的"你"、"我"、"他"。当"你"、"我"、"他"如江河汇成大海融成"我们"之际,课题研究必然焕发出不可思议的智慧与力量。

一个卓有成效的课题研究,必然内在地交织出"小题真作、小题实作、小题长作、小题合作"这四种精神旨趣,也就是深刻地践行"小题大作"的精神理念。"小题真作"追求的是一种求真的程度,即实事求是、求真求诚、追求真理;"小题实作"意味着实现的力度:源于生活,直面问题,阐释现实,提炼生活,指导现实;"小题长作"体现出一种时间的长度,即坚持不懈、持之以恒、锲而不舍、孜孜不倦、终生为之;"小题合作"说明一种合作的精度,即同心协力、双赢互利、同济共进、取长补短、优势互补;"小题大作"证明着探索的深度:钻之弥深、仰之弥高、愈探愈深、精益求精。

博客，是一种力量

博客，记录生活。博客让日常教育教学生活中有意义的故事、感悟和反思，留存为美好的记忆，是教师展示行动研究成果和自由表达思想的平台。博客，凝聚智慧。作为网络教研的一种方式，博客是教育反思的有效载体，也是同伴互助与专业引领的沟通桥梁，对于传播教育思想、推进课程改革、促进教师成长，是一种不可或缺的力量。

近日，郑州教育博客举行了以"网络时代的教师专业成长"为主题的博客沙龙活动。沙龙现场，近200名博友都是自发赶来的一线老师、教研员和校长，还有几位在教育博客上安家立户的县区教育局长或副局长，有的老师是从几十公里外乡村学校赶到现场的，他们不愿错过这个"春天的美丽约会"。沙龙上，大家有一个共同的身份——博友，不分职位高低，不论教龄长短，围桌而坐，对面论道，共同就"网络时代的教师专业成长"进行探讨。虽没有针锋相对、剑拔弩张，但现场也是观点鲜明、激情碰撞，通过热烈而倾心的深度交流，像春风化雨，收获了满满的智慧心语和对教师职业幸福感的品味。

现实中的沙龙一结束，网络上的沙龙再度接力，老师们在博客里对沙龙主题进行了深度提炼与生成。

——"网络，教师专业成长的'高速公路'；网络，教师学习提高的

'开心农场'；网络，教师抒发交流的'星光大道'。"

——"越切近教师需求的反思越有效，越鲜活的反思越有效，越切近教学实际的反思越有效。"

——"教师的专业发展，需要强烈的自我提高意识，更需要不断地进行教学反思，在反思中完善，在完善中积累，在积累中提升。"

——"成长，源自内需。在博客这个平台上，我积累，我反思，我成长。我抒我思，我取我需，我展我才，实现交流与分享，走出狭小天地，不断提升自我。"

这些充满着激情与智慧的语言令人回味！如此场景，我不由得写下这么一句话：博客，是一种力量！的确，博客与教育的完美联姻，就像"科技促进教育发展方式转变"一样，实现了教师专业成长与发展方式的转变，并将营造一个"专业、和谐、幸福、共享"的信息化环境，使教师不断自我完善，顽强攀升。这其中，不乏令人奋发向上的力量、博友赏心悦目的力量、博友凝聚智慧的力量、教师生命生长和升华的力量。

博客，激发教师自我发展的驱动力

美国心理学家波斯纳有一个关于教师成长的简洁公式：教师成长＝经验＋反思；刘良华教授把教师成长归纳为教师学习、教师研究、教师发表。如何突破教师专业成长的瓶颈？如何为教师的经验和反思搭建一个"发表"的载体？在网络环境下，博客成为解决这一问题的首选。

2006年1月，郑州教育博客依托郑州教育信息网正式注册运行，以其特有的群体和功能，为教师搭建了一个优秀的互动交流平台，为郑州市教育教学和科研工作注入新的活力。需求产生运用，运用推动发展。短短几年，郑州教育博客从第一年400余名注册用户，发展成为如今的4万余众。

一线教师、教研员和教育管理者超越传统时空局限的博客写作与交流，促进了自身隐性知识的显性化，既养成处处留心皆学问的教育叙事习惯，又锻造了见微知著的敏锐眼光。他们不但反思，而且把反思变成行动，在行动中思考，用行动来思考，不断赋予博客新的内涵，挖掘博客新的运用方式，使教育博客的运用逐步走上良性发展的轨道。如今，郑州教育博客日均点击量达70万余次，日发帖量达700余篇，教师间互访评论留言60余万条。教育博客开创了一个个性独立、自由民主的话语空间，充分体现了教师话语权的回归。

　　一位博友在自己的博客中写道："中午，一鼓作气把以前的博文进行了整理。写的时候不觉得，汇总的时候才发现，近一年的时间里，自己在键盘上竟然敲下了二十几万字，聚沙成塔的力量真的不可小觑。细想想，每天仅仅用了两个小时的时间而已，用十二分之一甚至更少的时间记录下每一天的点点滴滴，积累下了这么多自己都不曾想象过的天文数字一般的文字。尽管这些文字很普通，尽管这些文字很稚嫩，尽管这些文字没有章法，尽管这些文字难成大器，但它们陪着我走过了每一个日子，让我的每一天充实而快乐，让我的每一天丰盈而幸福……"

博客，提升团队同伴互助的凝聚力

　　教师日常工作和学习情境中的经验是教师专业成长中的关键因素，也是推动课改走向成功的关键。教育博客的内容以教育活动、教育反思、教育叙事为主，是构建动态、开放、互动、共享的网络教研和校本教研新的模式和平台。

　　在博客里，大家没有了身份、地域等方面的界限，与同行聚在一起，形成即时互动式交流，通过参与回复、讨论，可以体验他人思想，分享他人经验，互动的网络教研资源已经成为教师学习的有力工具。在这样宽松的协作环境下，教师们针对遇到的问题，自由探讨，研究对策，由一个个封闭的个体，融入教育博客群体，相互协作，共同分享，形成了一个教师群体思维互动的平台。

在郑州教育博客中，区域教育博客群、学校教育博客群、学科教研博客群等各种类型的网络教研团队日渐活跃起来。如二七区的教育博客发展被称为"二七博客现象"，在教研员和名师的带动下，全区各个学校及名师工作室都积极利用本校博客群开展网络教研活动，在群中交流思想，分享经验，教师个体之间互相砥砺，优秀教师的示范作用得以强化，团队凝聚力得到提升，跨区域、大范围、多层面交流的局面正在形成。

博客，打造专业引领的影响力

在博客中，教师体验着共享与交流带来的快乐，品味着写作与创造带来的收获，同时也提出自己的困惑，这就急需专家给予及时的关注与点拨。我们邀请各级教研员、名师等作为特邀编辑，根据博友的困惑发起热点话题，引导博友讨论交流。定期组织主题博客沙龙活动，针对沙龙主题，邀请有关专家、名师进行面对面的沟通，心灵与心灵的交流，心灵与心灵的交融，心灵与心灵的碰撞，点燃教师教研的激情，感悟名师教学的思想精髓，品味交流过程中的精彩与智慧。

博客，在欣赏与碰撞中产生感染力

欣赏博客其实非常简单，有那么多丰富的表情以及个性的标签，从竖起大拇指，来几下掌声，到抢个沙发，送几句赞誉，甚至简单用一个眼神、一个微笑都可以。而写博的教师却会从众多粉丝的欣赏里，得到对自我反思的肯定；在交流与碰撞中，得到无尽的鼓励、欢乐，充满了信心和力量。

欣赏是一种善良、一种美德。欣赏就像闪亮的钻石，欣赏就像动听的欢歌。有欣赏，就有交流与碰撞，有了欣赏与碰撞，博主的思想与观点就会像点点星火，逐渐蔓延。这种蔓延与感染的力量，正是博客的精彩之处。

一株植物的健康生长，不仅需要肥沃的土壤和充足的阳光，更需要自我生长的欲望和力量。而于教育博客来说，吸引我的是它提供了坚持反省的动力、不断成长的助力、突破自我的内力，这些成为教师专业成长的催化力和助推力，源源不断激发出教师自我发展的驱动力。

博客，是一种力量！既是教师成长的希望所在，也是教育博客的价值所在！

第四章

均衡发展之道

区域教育均衡发展,注定要走的是一条内涵发展的道路。办好每一所学校,建设好每一个班级,提升每一个课堂,发展每一个学生,为每一个学生的健康成长提供适合的环境和条件,应该是我们的必然追求。

各国区域教育均衡探索管窥

区域教育发展失衡是各国普遍存在的现实问题,各国也都在积极采取措施,推进区域教育的均衡发展。如何有效推进区域教育均衡发展,也是我国教育改革与发展亟待解决的一个重要问题。

几年来,我国从中央到地方,都相继出台了一些推进区域教育均衡发展的法律法规,建立了有利于区域教育均衡发展的经费保障机制,搭建了协调区域教育均衡发展的管理体系,也实施了一些面向农村地区与弱势群体的资助项目,在宏观政策层面上,初步奠定了区域教育均衡发展的基础。在此基础上,如何抓住关键,把均衡发展落在实处,是作为区域教育的行政主管部门应该思考、研究和解决的问题。

第一,扎实推进学区制建设,共享优质教育资源。学区制,一些国家称作"学校间发展联盟"。建立学校间发展联盟,共享图书资料、教学设备、实验室、师资等资源,不仅可以提高现有资源的利用效益,为优质学校找到新的发展点和突破口,还能带动城市薄弱学校及农村偏远学校走出困境。推进学区制建设,是各国政府在中观层面上实现区域教育均衡发展所采取的有效举措。

英国政府在 2009 年度教育白皮书中提出,地方教育当局可以将薄弱学校的管理权交给由学生、学校和家庭都认可的学校联盟,实施"连锁学校"计划。"连锁计划"的核心,就是共享最好的教师、管理人员和设施,以提高教育教学质量。

美国各学校也通过共享教育工作人员、资金、设备等方式,缩小学校间差距,促进学校共同发展。俄罗斯在新世纪启动了农村普通教育学校网络结构改革,推行农村学校网络结构整合模式。

我国区域教育均衡发展水平比较高的地区,也大都采取了学区制推进的办法。推进学区制建设,其实质是中观层面上的各种教育资源的再配置,关键看能不能冲破既得利益者的重重阻力,核心是能否建立起和学区制建设配套的管理、考核评价体系。学区制建设的理想境界,应该是"一校多区",即学区长学校为"主校区",其他成员(联盟)学校为区域位置不同的"分校区"。学区制能否在区域教育均衡发展中真正发挥作用,是对区域教育行政主管部门的责任感、执行力和教育智慧的考量。

第二,加快教育信息化进程,提升教育现代化水平。信息技术对教育发展具有革命性影响,各国政府都给予了高度重视。欧美国家在推进偏远农村地区教育信息化水平方面走在了前列,其实施的主要策略,包括远程教育、项目工程、学校与社区合作等。1997年,美国教育部启动了国家级"教育折扣项目"(Education Rate,简称 E-rate),由"E-rate"基金为学校购买信息化设备提供从20%到90%不等的折扣,以此提升贫穷地区的教育信息化水平。英国则主要通过建立国家学习中心网络来促进农村教育的信息化。

俄罗斯在新一轮教育现代化改革进程中,专门制订了教育信息化建设目标。2005年俄罗斯教育与科学部制订了2006至2010年的联邦教育发展规划,致力于充实教育因特网资源和使学生与教师在线获得资源,形成全国范围内统一的教育空间。

信息化时代,要让广大师生都能享受到信息技术发展的成果,并自觉融入教育教学的实践以及生活当中,促进尽可能多的信息资源和智慧共享,培育每一位师生数字化生活的能力和素养,这是信息化时代,区域教育均衡发展需要"书写"好的一篇大文章。信息化水平是区域教育水平的重要标志。

第三，关注学生学习方式的变革，促进学生成长方式的转变。从以"教"为中心到以"学"为中心，是对学生主体地位和学习权利的尊重。对城市薄弱学校和农村及偏远地区学校而言，在教学设施、师资条件无法在短期内迅速改善的情况下，革新教学手段是提高教学质量的有效途径。英国政府在 2009 年的教育白皮书中提出，要引入个性化的学习方式，以此提高处境不利家庭学生的学业成绩，改善薄弱学校的教育质量。从 2010 年开始，政府将每年投入 16 亿英镑用于个性化学习，内容之一就是为低学业水平学生，安排一个专门的指导教师。美国联邦政府主导的补偿教育计划中，引入了挑战性课程、个别化教学、目标导向型管理、家长参与等有效教学方式，提高了薄弱学校的教学效果。

为提高处境不利学生的学习成绩，芬兰设立了班级教师、教师助理、特别需要教师和多学科综合工作小组组成的教师团队，对学生提供个性化教学辅导。在越南、老挝、泰国等亚太发展中国家，由于偏远地区学生分散、教师缺乏等原因，各国纷纷引入复式教学，以保障学生的受教育权利。

区域教育内涵的提升，必定以师生的学习生活质量和幸福指数的提升为标志。区域教育均衡发展在微观教学层面上，务必要围绕"改变学生的学习方式、成长方式和发展方式"来规划设计和推进实施。

均衡发展是区域教育的主旋律。只要抓住了关键环节，并且常抓不懈，再加之以服务、管理、保障措施的跟进，相信区域教育的水平会有切实的提升。"道"使然，规律使然。

（本文发表在《中国教师报·区域教育周刊》2011 年 8 月 24 日）

培育和谐生长的区域教育生态

我赞成这样一种观点：教育生态影响中国未来。如何培育和谐生长的区域教育生态，是我们应该认真思考和解决的问题。

所谓区域教育生态，我的理解是：一定的区域内，学校的学生、教师、校长的生存状态，学校与社会、家庭的关系状态，学生之间、师生之间、教师同伴之间、班级之间的关系状态和校际之间的关系状态，以及教育的发展状态、势态。

我们认为，区域教育生态，应该是一种体现科学发展观要求的、和谐生长的、可持续发展的状态。培育和谐生长的区域教育生态，教育行政部门应该做的是：

第一，明确区域教育改革与发展的方向和目标。 区域教育改革与发展的方向和目标，要与国家教育改革与发展的目标相一致，是自不待言。关键的问题是如何结合教育改革和发展的区域性、阶段性实际，确立区域教育改革和发展的方向与目标。究其根本是要满足人民群众的长远利益，提供适合孩子成长的教育；应让区域基础教育生态系统中的每一个成员和组成部分都能够拥有适宜的成长环境、承担必要的成长压力，都能够得到各得其所的发展。

浙江省杭州市下城区，在通过浙江省教育"强区"验收后，基于适应中心城区发展需要，适时提出了"打造高水平教育强区"的目标；明确提出"发展目标高起点、运行机制高效能、教师队伍高素质、教育环境高品位、教育质量高标准"的五高要求，从关注教育的外部环境，提升到关注促使教育内在动力和良好的外部环境共同作用、双向互动，解决教育领域存在的更深层次的问题和矛盾的层面。在此基础上，又提出"营造高品质教育生态"的前置条件，进而又提出"更均衡、更公平、更充裕"的"三更"目标。经过十余年的努力，下城区已经培育出了高品质的和谐生长的区域教育生态。目前，正在为实现争创全国一流现代化和谐教育的目标而生长着、成长着。

河南省安阳市殷都区，确立的教育改革和发展的基调是：我们改不了人才选拔制度，就从区域内的教育自身做起，推行素质教育，让孩子们快乐起来，不再受唯分数论的扼杀。改革和发展的整体目标是：学生快乐学习，教师幸福工作，校园成为知识的超市、学习的乐园，培养既有仰望星空的责任感和创新精神，又有脚踏实地的能力的人。正是因为确立了明确的教育改革与发展目标，经过几年努力，才交上了令人满意的区域教育改革的"殷都试卷"，培育了良好的区域教育生态。

郑州教育之所以也初步呈现出了良好的发展势头，也正是由于教育局主要领导明确提出了"办人民满意、发展需要的教育"的目标，并提出：要以科技促进教育发展方式转变，促使道德课堂建设步入常态化的发展阶段，以课堂均衡促进区域教育均衡，以新技术与新文化的融合促进区域教育特色的生成，营造适合学校、教师、学生的发展和成长需要的教育生态环境，促进区域教育层次和品位的不断提升。

第二，指导帮助校长把学校办成有"灵魂"的学校。教育行政部门对学校教育的领导，首先是教育思想的领导，其次才是行政领导。教育行政部门应该有效地实现对学校教育思想的领导，帮助指导校长致力于学校的文化建设，把学校办成有"灵魂"的学校。学校文化是学校可持续发展的动力源泉，课程文化是学校文化的核心，是一所学校办学特色和个性发展的集中体现。明确课程思想，加强课程建设，构筑课程文化，彰显办学特色，应该是每一所学校办学的基本思路和工作目标，更应该是每一位中小学校长毕生的办学追求。

教育就是点燃火焰、呼唤心灵、塑造灵魂。只有我们的每一位校长，都找到了自己的"灵魂"，不管是校长自己，还是教师和学生，每天都在体悟文化的所在，感受文化的力量，让文化浸润每一位教师和学生的心灵，形成共同的价值认同和价值追求，形成学校的文化特色，才能生成和谐生长的区域教育生态，"给力"区域教育的又好又快发展。

第三，搭建教师专业成长平台，让教学"回家"，还原课堂教学的原生态。教育改革最终发生在课堂上，在一定程度上说，课堂是决定教育改革成败的关键。在办好学校的诸要素中，教师始终处于核心地位。因此，教育行政部门应该为教师搭建多种学习交流成长平台，为教师的专业发展和专业成长提供服务。比如：实施教师梯级培养工程、名师共享工程，推进学区建设、建立学区教师学习成长共同体，举行新课程课堂教学博览会，开展新课程课堂教学达标评优活动，开展多层次的培训研修活动，分享学科课程专家的真知灼见和成果经验，促进教师观念的更新、角色的转变，促使教师的课堂教学回归到合乎教学规律的路上，把课堂还给学生，变"教本"为"学本"，把教学变"体力劳动"为"智慧劳动"、变"非理性教学"为"理性教学"，还教学的本来面目，改善教师的教学生态，改善学生的学习生态，还原课堂教学的原生态，让课堂生活充满生命的活力。

第四，确立服务理念，建立新的服务机制。管理就是服务的理念，在一些地方，至今还没有完全确立下来。部门之间，"占地为王"、视权利为生命、以服务对象为"敌"的观念，还根深蒂固！它还在阻碍着改革，阻碍着发展，阻碍着良好区域教育生态的生成。下城区教育局改革了直属机构设置，整合组建了教育研究发展中心、教育技术中心、社区教育中心、教育后勤管理服务中心和会计结算中心五大中心，实现"管理—指导"型向"指导—服务"型转轨，突出服务功能，从而在根本上使教育服务落到实处。殷都区教育局也对直属机构进行了此类改革，确立了服务理念，增强了服务意识，强化了服务功能，提升了服务水平。非常值得称颂！教育行政部门服务意识的觉醒，服务理念的确立，对于营造良好的区域教育生态环境具有非常重要的意义。

做一个很"给力"的局长

今后一个时期,区域教育改革和发展的主题是整体推进素质教育,推进素质教育的主旋律是均衡发展。区域教育均衡发展,注定要走的是一条内涵发展的道路。办好每一所学校,建设好每一个班级,提升每一个课堂,发展每一个学生,为每一个学生的健康成长提供适合的环境和条件,应该是我们的必然追求。作为主持一方教育教学业务的局长,应该做一个很"给力"的局长,"给力"教育发展,"给力"内涵提升。

首先,应该做一个有思想者。对教育工作的领导,首先是教育思想的领导,其次才是行政领导。教育的改革与发展,《国家中长期教育改革和发展规划纲要(2010—2020年)》已经为我们勾画了蓝图,并为我们指明了方向,关键在于落实,在于如何结合区域教育的实际,把规划纲要变成现实。这就需要我们,一是做一个善于学习者。千万不要借口工作"忙",而忽视学习。"忙","心死"也。学习,既能明心,又能明志,更能明方向。不注重学习,是我们业务人必须克服的弱点。"学习,学习,再学习"这句话,确实没有什么新意,但确有重复的必要。二是做一个善于思考者。我们应该时常"三问"自己:有没有思考?会不会思考?有没有持续不断地思考?思考,能明思路,明策略。三是做校长和教师平等的好伙伴。与校长和教师平等对话,交流碰撞,在观点的交流和智慧的碰撞过程中，实现专业共生。有此三点，才有可能成为一个有思想者。

其次，应该做一个行动主义者。当下，我们缺的不是理念，缺的是行动，缺的是有效的行动。我们不应该"坐"而论道，而应该"做"而论道，做课改的行动主义者。有一种智慧叫行动。行动就是改变，持续地行动，持续地改变，智慧地生成自己的事业。推进基础教育课程改革以来，郑州市的广大教师在持续的行动中改变着自己的职业生活方式，在生活质量、幸福指数持续提升的过程中，不断探寻着适合自己的教学路数和行为风格；课堂教学，从课改初期的无所适从，甚至盲从，一步步走向了成熟与理性。我们集全市广大教师的共同智慧，形成了推进校本教研的"四四五三三"的基本框架和学科建设的"五三二二"的基本要求，并把"细化解读课程标准"作为学科课程建设的第一要务，把"改革和创新课堂"作为重要的突破口，以"新课程的新课堂博览会"为有效载体，一步步走上了"构建道德课堂，提升师生生命质量"这条教育生态文明之路。作为业务局长，一定要带领我们的校长和教师在行动中探索，在研究中前行，在反思中发展，走好问题持续解决、注重成果积累、不断生成提升的持续生长之路。在行动中，"给力"教师的发展，"给力"校长的发展，"给力"学校的发展，"给力"一方教育的发展。

第三，应该做一个坚持不断的行动者。一个人的意志品质，并不只表现在有没有行动上，更重要的是表现在能不能坚持不断地行动上。作为业务局长，注定是一方课程改革的专业引领者。能不能有效地实现专业引领，主要看有没有坚持行动的毅力。在一定意义说，专业引领首要的就是意志品质的引领。有一种品质叫坚持。坚持就是突破，持续地突破，持续地生成，持续地促进自己的专业发展和专业成长，以有效地实现专业引领。多年来，郑州市一直坚持一年一个教学工作会，一年一个德育建设会，一年一个校本教研推进会；每次会议选定在一个县区召开，一次会议确定一个主题，一题一解。此外，还有新课程的新课堂博览会，解读课标的专题研讨会，校长、教学校长、教务主任、政教主任、教科室主任工作汇报会等。郑州市一直采取的是"以会代训"的方式，把以上各种会议作为一种制度坚持了下来，为校长和教师搭建了交流的平台，并注重了有形成果的积累。一次会议重点研究一个或者两个问题，共识是成果，存疑也是成果，反对意见更是成果。在不断地实现专业共生的过程中，促进了大家的共同成长。其实，"坚持"的本身就是进步，就是成长，就是引领，就是"给力"。

作为业务局长，注定要受到校长和教师的关注。自己的业务是不是说得清楚？是不是一个干活的人？有没有一种精神在影响着大家？每一个人心里都有一杆秤，每一个人都在观察、在思考、在做出判断。因此，我们应该做一个思想者、行动者、坚持者，"给力"于我们的校长、教师。在不断"给力"的过程中，引领一方教育的健康发展，促进教育的内涵和品位的不断提升。

教师均衡，
区域教育均衡发展的必经之路

择校，实质上选择的是教师。教师，是学校教育的第一资源。一所学校教育教学质量的高低，一方面取决于学校的"硬件"设施的优劣，更重要的一方面取决于学校的"软件"——教师队伍整体素质的高低。这是老百姓非常明白的道理。促进区域教育均衡发展，注定要走的是内涵发展之路。不仅需要均衡地配备教师资源，更重要的是，要不断地促进教师队伍的均衡发展。促进教师均衡，必须解决好两个问题：一是教师资源均衡配置问题，二是教师专业的均衡发展、均衡提升问题。

均衡配置教师资源，首先要看教师能不能"流动"起来。教师"流"得动、不动，是能不能解决教师资源均衡配置问题的一个重要标志。我们所说的教师"流动"，不仅仅是城乡之间、校际之间教师的支教和交流轮岗，而是一种工作机制，是一种教育人事制度。要让教师"流动"起来，就要让教师在待遇、收入方面趋于均衡，让教师在晋职、晋级、进修等方面机会均等，甚至农村学校、弱校要比城市学校、强校的教师机会更多。只有不断地深化符合教育均衡发展要求的教育人事制度改革，才能推动教师合理有序地流动，促进教师资源的均衡配置。

教育人事制度改革，要服务于教育均衡发展的需要。目前，要认真落实的：一是绩效工资制度改革。教师待遇应该向农村学校教师倾斜，同一县域内城乡学校之间教师的收入水平趋于平衡，农村学校教师还应该再享受农村任教补贴。二是岗位设置管理改革。校际之间教师岗位结构比例相对均衡，优秀教师在薄弱学校或农村学校任教，晋升高一级岗位的机会应该均等，甚至应该相对机会更多。三是教师职称制度改革。职称评审条件应该考虑农村教师的实际，向农村教师倾斜，对农村教师适当放宽评审条件。四是编制管理改革。教师编制配备向农村倾斜，从而有效地保证农村学校教育教学工作对配备合格教师的编制需求。

教育人事制度改革，要更好地服务于教育均衡发展，必须认真落实以上改革措施，充分发挥人事制度改革对促进教师资源均衡配置的重要作用，推动建立和完善教师交流制度，形成比较完善的教育人事制度环境。同时，还要认真落实县级教育行政部门依法统筹县域内教师队伍管理的职能，不断完善教师队伍管理体制及运行机制。还要进一步推动县级以上政府加大对本地区的统筹力度，逐步缩小县域之间教师资源配置水平的差距，在更大区域内促进教师资源均衡配置。还要不断完善新任教师公开招聘制度，严把教师入口关，吸引有志于从事基础教育事业的优秀人才到中小学校任教。

促进教师的专业发展和专业成长，促进教师专业能力的均衡提升，根本的出路在于改革和提升课堂。改革和提升课堂，就要促使教师实现"一个转变，两个提升"。

第一，首先要实现教师角色的根本转变。新课程的教学，要求教师通过转变教的方式来转变学生学的方式，教师由讲学者变为导学者；提倡自主、探究、合作式学习，增加课堂上学生参与分组讨论、全班交流、充分表达和展示自己的机会，让课堂真正成为学生自己的课堂。新课程的课堂教学，要求教师"用教材教"，把教材当作素材、范例和凭借；通过教师创造性地理解、把握和使用教材，引导学生"走进教材"、"跳出教材"；让学生带着教材、带着问题、带着困惑走向教师，达到三种教学境界中的最高境界，从而实现教师角色的根本转变。

　　第二，要提升教师解读课程标准的能力。崔允漷教授说：教师专业成长的标志，就是把学科课程标准细化分解为课堂学习目标。其实质就是国家课程的校本化开发问题，也就是国家课程在本校的有效实施问题。不会对国家课程进行校本化开发的教师，不可能是一个合格的教师。因此，细化解读课程标准，整合教材，科学设置课堂学习目标，是教师必备的基本功。只有具备了这项基本功，才有可能有效实现教师的专业成长。

　　第三，要提升教师构建道德课堂生态的能力。道德课堂要求每一位教师、每一堂课必须回答好三个问题：你把学生带到哪里？（学习目标问题）；你怎样把学生带到那里？（学习策略和学习过程问题）；你如何确信你已经把学生带到了那里？（学习效果的评价问题）。道德课堂要求教师必须不断提高三种基本能力，即设计教学的能力、实施教学的能力和评价教学的能力；必须把握三个前提，即把握学科思想、掌握学科知识体系、明确学科课程目标。道德课堂要求教师必须进行课堂教学模式的改革和创新，实现从"单向型教学"到"多项型教学"、从"记忆型教学"到"思维型教学"、从"应试型教学"到"素养型教学"的转变。教师只有把握住课堂教学的三个前提、提高三种基本能力，才能改革和创新课堂、回答好三个问题，才能不断提升构建道德课堂的能力。

　　教师均衡的核心是教师专业的均衡发展、专业能力的均衡提升，实现"一个转变，两个提升"是教师专业发展、专业能力提升的关键所在。课堂均衡是教育均衡的基础，课堂均衡则教育均衡。促进教师均衡是促进课堂教学公平、促进课堂均衡的前提与基础。因此，我们说促进教师均衡发展，是促进区域教育均衡发展的必经之路。

班级均衡，
区域教育均衡发展的必然选择

"择班"，是当下学校教育的一种特殊现象，也是校长们时常遇到的一个难题。这一问题的出现，主要是由学校管理中一些"不道德"甚至"反道德"的做法所致。它所反映的是区域教育均衡发展的核心问题：校内班级均衡问题。所谓班级均衡，就是教师在教育教学过程中，要公平地对待每一个学生，给予每一个学生表现、发挥、发展的机会，最终使每一个学生的潜能得到充分开发，获得发展的成功。区域教育的均衡，离不开校际的均衡；校内的均衡，离不开班级的均衡。如果把区域教育比作一个生命体的话，那么，学校就是构成机体的组织，班级则是细胞。细胞是生命体的最小组成单位，是完成生命功能的最小功能单位，是组成生命的基础。只有细胞的健康发育，才会有组织和生命体的鲜活与健康。如何破解这一难题，促进生命细胞的正常发育？我们认为，应该解决好三个问题：一是均衡分班，实现生源均衡，满足生师最基本的心理需求。二是加强班级文化建设，构建积极、和谐、健康向上的班级学习生态。三是构建道德课堂，创新学习方式，促进不同水平学生的学业共同进步。

均衡生源，平行分班，实现学生、班主任和任课教师的心理安全和心理平衡，满足生师最基本的心理需求。根据马斯洛需求层次理论，只有学生、班主任和任课教师满足了心理安全需要、归属和爱的需要和自尊的需要等这些基本的心理需求之后，才会融入集体，热爱集体，从而产生维护集体荣誉的冲动与行为。任何以"对学生负责"、"因材施教"、"分层教学"之名，行分"重点班"之实，人为地把学生和教师分为三六九等的做法，都会对学生和教师的心灵造成无法弥补的伤害，从而失去积极向上的心灵基础。均衡生源，平行分班，是实现班级均衡的前提和基础。均衡分班，不仅仅以学生的学业程度为依据，而且家庭背景、品行基础以及男女比例等等，都应该是必须考虑的重要因素。

加强班级文化建设，构建积极、和谐、健康向上的班级学习生态。 班级文化建设，是学校文化建设的重要组成部分。所谓班级文化，就是师生在共同的班级学习、生活中所呈现出来的特有的价值认同和价值追求、精神富有和精神成长。它是班级的"灵魂"所在，是凝聚班级力量的精神支柱，通过班级环境文化建设、制度文化建设、活动文化建设，最终形成班级精神文化，是班级文化建设应该达到的至高境界。构建积极、和谐、健康向上的班级精神文化，充分发挥它的育人功能，建立良好的班级人际关系，培养健康的班级舆论，培育优良的班风，形成班级道德，对于实现班级均衡发展具有至关重要的作用。因此，班主任应该把"加强班级文化建设，打造班级文化精神"作为班主任工作第一要务。各学科任课教师也要把自己当作任课班级班集体的一员，积极、主动地参与班级文化建设，充分发挥示范引领作用。

构建道德课堂，创新学习方式，实现不同水平学生学业的共同进步。 学生在学校期间80％的时间生活在课堂上，学习的主要方式也是课堂学习，因此，教师必须把课堂还给学生，还学生学习的主体地位，还学生学习的主权，变讲学者为导学者，做学生学习的助手，实现教师角色的根本转变；教师必须不断提升解读课程标准的能力和构建道德课堂生态的能力。在实现"一个转变，两个提升"的基础上，改革和创新课堂，构建道德课堂生态。

道德课堂的第一行动策略就是"唯学",变"先教后学"为"先学后教"、"少教多学"。"先学"就是把学习的主动权还给学生,让学习成为学生自己分内的事,也就是学习方式的重建;"后教"就是以学论教,即根据学生的学而教,是对学的再创造。其核心是学习观和学习方法的变革,其实质就是把学习的主动权还给学生,一切从学生的"学"出发,是学习方式重建和课堂教学重建的支点。实施分组合作学习,围绕学习小组构建动车组系统,同质异组,异质同组,组内结对;实施"独学、对学、群学"三种学习方式。构建"先学、展示、反馈"的课堂流程,突出"展示",主张人人参与,个个展示。在师亦生、生亦师、师生相长,兵教兵、兵练兵、兵兵互动的道德课堂生态中,实现不同水平学生学业的共同进步和身心的全面发展。

班级均衡,是实现课堂教学公平、课堂质量均衡提升的重要前提。在促进区域教育这一"生命体"健康发展的过程中,应该把促进生命的最小组成单位——"细胞"——的健康成长作为首要选择,以实现"办好每一所学校,建设好每一个班级,提升每一个课堂,发展每一个学生,实现每一个学生的健康成长"的目标,让区域教育充满"生命"的活力。

课堂均衡，
区域教育均衡发展的必然追求

教育公平是社会公平的重要基础。《国家中长期教育改革和发展规划纲要（2010—2020年）》把促进公平作为国家基本教育政策，指出：教育公平的关键是机会公平，基本要求是保障公民依法享有受教育的权利，重点是促进教育均衡发展，根本措施是合理配置教育资源，加快缩小教育差距。同时，《纲要》又把提高质量作为教育改革发展的核心任务；提出要树立以提高质量为核心的教育发展观，注重教育的内涵发展；建立以提高质量为导向的管理制度和工作机制，把教育资源配置和学校工作重点集中到强化教学环节、提高教育质量上来。《纲要》还把努力办好每一所学校，教好每一个学生，形成惠及全民的公平教育作为教育改革和发展的战略目标。

因此，在贯彻落实《纲要》、推进区域教育均衡发展的实践中，缩小校际差距、城乡差距和区域差距，是非常必要和迫切的。与此同时，要切实推进教育均衡发展，还有一个不容忽视的重要方面——校内均衡和班级均衡。校内均衡和班级均衡，关系着如何办好每一所学校、管好每一个班级、教好每一个学生的问题，直接影响着每一个学生的发展，关系到教育公平的真正落实。

所谓校内均衡，就是学校内部要均衡地配备教育资源，使不同家庭背景、不同智力水平、不同教养水平的每一个学生都能够享受到合乎自身特点和需要的同质的教育教学条件，得到同质的教育教学对待。所谓班级均衡，就是教师在教育教学过程中，要公平地对待每一个学生，给予每一个学生表现、发挥、发展的机会，最终使每一个学生的潜能得到充分开发，获得发展的成功。如果说解决校际差距、城乡差距、区域差距等教育发展不均衡的问题主要是政府的责任，那么，解决校内均衡和班级均衡的问题则主要是学校的责任。这就要求学校转变发展方式，走科学发展之路，由注重物质条件改善、外在形象建设的外延式发展方式转变为注重内在文化建设和质量水平提高的内涵式发展方式。由于班级是学生在学校学习和生活的主要形式，那么，当教育均衡发展推进到每一个班级、每一个课堂，落实到每一个学生身上之时，我们才认为进入了内涵发展、品质提升和本质展现阶段。校内均衡和班级均衡的实质，主要就是课堂教学的公平和课堂教学质量的均衡提升。因此，我们说课堂均衡则学校均衡，学校均衡则区域教育均衡。

基于这种认识，几年来，在推进课程改革的进程中，郑州市一直致力于全市整体推进"道德课堂"建设，以期通过课堂教学质量的提升来拉动教育的内涵式发展，以课堂教学改革促进教育质量的整体提升，从根本上实施区域内每一所学校"集体致富"的真正均衡。

道德课堂，是在郑州市课改的土壤中生长起来的新的课堂形态。她是新课程背景下的一种高品质的课堂形态，是以学生为主体，呈现尊重、关爱、民主、和谐学习生态的课堂，是能够很好实现三维教学目标的课堂，是教师和学生共同的家园。道德课堂，不仅仅是研究课堂教学中的育德问题，也不仅仅是研究课堂教学行为的有效问题，而是研究课堂教学中的德性问题、人性问题，研究解决课堂教学的目的、行为和结果的一致性问题。

道德课堂要求教师，以新课程的理念，从道德自觉的高度，来重新审视自己的课堂，审视那些不道德的教育现象，努力加以改进和完善；

使自己在道德的环境中进行有道德的教学，使课堂教学的过程和结果都符合道德，使学科知识增长的过程同时成为学生人格健全和发展的过程，让课堂生活充满生命的活力。

道德课堂要求教师，在教育教学过程中，秉承道德的准则，遵循学生身心发展和教育教学规律，使学生在学习中体验到愉快和幸福，得到学业与身心全面发展；课堂上，要让学生在获得知识、掌握技能的过程中，同时获得向善向上的情感体验和心灵感悟，促进学生的思维发展和精神成长。

道德课堂要求教师，把课堂还给学生，还学生学习的主体地位，还学生学习的主权；通过实施分组合作学习，实施"独学、对学、群学"三种学习方式，抓好"课前、课中、课后"课堂三段，构建"先学、展示、反馈"的课堂流程，来实现课堂教学的重建，提升每一堂课的课堂质量。

道德课堂最终要实现质的飞跃：教师把教学变体力劳动为智力劳动，变知识课堂为情感课堂，变"教本"为"学本"，学生的学习变被动为主动，变苦学为乐学，变单纯依赖教师为自主、合作、探究，最终形成师亦生、生亦师、师生相长，兵教兵、兵练兵、兵兵互动的课堂生态，实现学生学习品质和精神品质的共同提升。

贯彻落实《纲要》，促进教育的内涵式发展，是区域教育均衡发展的基本方向。课堂是内涵式发展的主阵地，课堂教学质量的均衡提升是教育均衡发展的基础工程。办好每一所学校，管好每一个班级，提升每一个课堂，教好每一个学生，实现每一个学生学业和身心的全面发展，是我们的责任和使命。进一步深入推进课程改革，整体推进"道德课堂"建设，提升课堂教学质量，促进课堂均衡，促进郑州市区域教育均衡发展，是我们的不懈追求！

新技术重建新区域文化

2011年5月24—25日,在中国教师报、郑州市教育局联合举办的全国"科技与课改"研讨会上,与会代表感受到了现代信息技术对学生学习方式变革所产生的作用和影响。在以"高效"、"生态"为主要特征的课堂变革中,现代信息技术特别是"班班通"提升工程有效提升了课堂的广度、深度和参与度,为课堂的深度变革提供了可能。郑州教育10年来的创新发展,不仅探索出了新课程背景下的一种高品质的课堂形态——道德课堂,同时教育信息化也让郑州教育走进了"黑板与白板"融合共生的新时代。

2001年,郑州市整体推进教育信息化建设与基础教育课程改革同时启动、同步发展、共同提升。10年来,教育信息化的发展助推了新课程改革的进程,新课程改革的不断深化则促使了教育信息化的升级换代,以科技促进教育发展方式转变的格局在郑州已初步形成。

郑州市整体推进课程改革历经了"起步探索阶段"、"整体推进阶段"、"重点突破阶段"之后,从2010年开始走上了以"构建道德课堂,提升生命质量"为目标的常态化发展阶段。十年来,郑州市一直秉承"行动就是智慧,坚持就是引领"的理念,做课程改革的行动主义者。紧紧抓住课堂教学、校本教研、质量监控三个关键环节,致力于新课程的新课堂建设,促进了课堂的改革与创新,促进了新课程实施品质的不断提升。课堂教学改革从课改初期的无所适从，甚至盲从，一步步走向了成熟与理性，从关注课堂方向，到关注课堂道德、关注课堂生命，再到关注课堂文化（课堂生态）的重建，一步步走上了"构建道德课堂，提升生命质量"这一教育生态文明之路，初步培育了和谐生长的区域教育生态。

郑州市整体推进教育信息化建设历经了"高位构建阶段"、"强力推进阶段"之后，从2010年开始进入了以全面实施"班班通"提升工程为标志的"纵深提升阶段"。10年来，郑州市一直遵循"以教育信息化带动教育现代化"的指导思想，强力推进教育信息化建设。先后投入10个多亿，从通"硬件"，到通"资源"，再到通"方法"，基本建成了覆盖全市城乡中小学校的教育信息化体系，给促进教育内容、教学手段和教学方法的现代化带来了积极的影响。

郑州市"班班通"提升工程的核心是运用现代化的网络备课、授课和评课教学系统，搭建校园信息化平台，构建课改网络课堂，共享优质教学资源，促进教育均衡发展。它的硬件环境包括教学机、短焦投影机、实物展台和交互式电子白板及音频系统等，软件环境包括为郑州市小学一年级至高中三年级的各学科及版本量身打造的资源，并支持多种资源的直接对接。"班班通"提升工程及其应用，使教育教学越来越多地体现出"教师主动收集教学信息、自觉教学研究和学生自主学习"的信息化时代特征，扩大了课堂空间，提高了师生互动深度，促进了优质教育资源共享，推进了教育均衡发展。

"班班通"提升工程在课程改革过程及课堂教学实际应用中凸显出十大功能优势：备课系统更加优化；授课系统更加完善；评价机制更加科学；管理系统更加严谨；培训形式更加多样；优质资源更加丰富；学习环境更加多彩；教学方式更加灵活；互动交流更加自主；课堂教学更加高效。

在郑州教育变革的发展历程中，其实不仅仅新课程改革的发展历经了不断深化的过程，郑州教育人对教育信息化的认识，也同样经历了观念转变的过程。从刚开始的"工具性"发展到"资源性"，从单一的引进资源到重视自主开发校本资源、创生本土资源，从封闭走向开放，从独有走向共享，从单一发展到与新课程改革的逐步融合。这是教育信息化从技术本身转向教育本身的回归过程，也是新课程背景下，对学校教育信息化能够实现其核心价值的挑战和考量，而对它的检验标准则是，师生是否拥有数字化生活的能力和素养。

信息化时代，人们的生存方式、生活方式以及学习方式都在发生着巨大变化。学校的教育教学同样不可能置身度外。要让广大师生都能享受到信息技术发展的成果，并自觉融入教育教学的实践以及生活当中，促进尽可能多的信息资源和智慧共享，培育每一位师生数字化生活的能力和素养，这是信息化时代区域教育变革需要"书写"的大文章。教育信息化和课程改革一样，同样需要锁定课堂。信息技术不论是作为学习内容，还是作为变革应用的技术工具，都必须把发展的突破口定位于课堂教学，否则再先进的技术都延续不了多长时间。郑州市"班班通"提升工程在设计之初，便锁定课堂，为课堂量身打造，它充分彰显的就是学校教育信息化的核心价值。

区域教育的均衡发展注定要走的是内涵发展之路，这就要求我们转变教育发展方式，走科学发展之路，由注重物质条件改善、外在形象建设的外延式发展方式转变为注重内在文化建设和质量水平提高的内涵式发展方式。当教育均衡发展推进到每一个班级、每一个课堂，落实到每一个学生身上之时，我们才认为进入了内涵发展、品质提升和本质展现阶段。均衡发展的实质，主要就是课堂教学的公平和课堂教学质量的均衡提升。因此，我们说课堂均衡则区域均衡，班级均衡则教育均衡。郑州市一直致力于全市整体推进道德课堂建设，就是期望通过课堂教学质量的提升来拉动教育的内涵式发展,以课堂教学改革促进教育质量的整体提升,从根本上实现区域内每一所学校"集体致富"的真正均衡。"班班通"提升工程与道德课堂的对接融合,为道德课堂建设插上了翅膀。班班通,堂堂用,人人用,促进着学生学习方式和教师教学方式的转变,促进着学生成长方式的转变。

　　道德课堂,让教育回归本质,回归人性;"班班通"提升工程,促使我们走进了"黑板与白版"融合共生的新时代,这不仅仅是一场技术的革命,更是一场教育理念与文化的革命。科技创新助推课程改革,科技促进教育发展方式转变,科技促进学生成长方式转变。"班班通"与道德课堂的对接融合,是新技术与新文化的融合,是技术核心价值的彰显,是对教育回归本质和回归人性的促进,势必推动郑州教育进入一个新的发展时期,促进郑州教育区域特色的生成。

后　记

　　我一直认为，课程改革的核心是改课（即课堂重建）。因为教育改革最终发生在课堂上，从某种意义上说，课堂是教育改革成败的关键所在。课堂兴则教育兴。因此，教育者要站在为学生一生负责的高度，去思考一个永恒的命题：课堂，究竟该拿什么献给学生？正是循着这样一条思路，郑州市的区域课改推进以道德课堂建设为切入点和载体步步深入，取得一定的成效，曾经引起了《中国教师报》《中国教育报》《中国教育学刊》《中国德育》《课程·教材·教法》《基础教育课程》等国家级媒体的深切关注。

　　确切地说，我个人对教育的深入思考也是在这个过程中完成的。两年前，一次偶然的机会，应《中国教师报》总编辑助理李炳亭先生之邀，我开始在《中国教师报》开设专栏，每周一篇的专栏文章成了我自由表达教育思考的平台。因为平时工作太忙，每到周末我就把自己关在家里写文章，尽管每次文章都有点"难产"，但是这个过程却是幸福的。两年来，我逼着自己梳理对教育和课改的思考，一路写下来，写着写着没想到竟然写了10多万字，所以，这本书应该算是我写专栏的副产品。

　　我很喜欢"课改有道"这个书名，她基本表达了我对课改的主张，是对拙作《教育即道德》的实践性、技术性注解。课改有道，道在何处？道作何理解？我认为，"道"至少包含三个层面的内涵。首先是道理，也即规律，课改只有遵循了规律，才能不至于偏离轨道；课改不仅要研究教的规律，更要研究学的规律和学生成长的规律。其次是道义，课改背离了道义就变得不道德，我们不能以课改的名义做着那些反课改的事情，所以，课改需要从道义的高度俯视实践。最后是道路，也即路径和技术，在遵循规律的前提下，以关注人的完整成长的道义去探索正确的方法和路径，课改一定能够抵达理想的目标。课改有道，做教育何尝不是一个明道、悟道、得道的过程；课改亦有术，道为术之灵，术为道之体，以道驭术，以术谋道，教育也好，课改也罢，方能走得更远，更稳妥。

感谢！是我在这里要表达的主题。感谢炳亭先生，感谢他两年前的一次邀约，成就了我今天的这本书。感谢《中国教师报》韩世文先生，每周都是他在不断催促我完成专栏的任务。感谢山东文艺出版社杨智先生，这本书的出版得益于他的精心策划和编辑。感谢与我并肩奋战的郑州教育同仁，我们一起行走的过程，为我积累众多思考教育、思考课改的素材和线索。

田保华
2014 年 2 月于郑州

图书在版编目（CIP）数据

课改有道/田保华著.—济南:山东文艺出版社,
2014.6
 ISBN 978 – 7 – 5329 – 4553 – 5

Ⅰ.①课… Ⅱ.①田… Ⅲ.①课程改革—教学研究—中小学—文集 Ⅳ.①G632.3 – 53

中国版本图书馆 CIP 数据核字(2014)第 082637 号

课改有道

田保华　著

主管部门	山东出版传媒股份有限公司
出版发行	山东文艺出版社
社　　址	山东省济南市英雄山路 189 号
邮　　编	250002
网　　址	www.sdwypress.com

读者服务	0531 – 82098776(总编室)
	0531 – 82098775(发行部)
电子邮箱	sdwy@ sdpress.com.cn

印　　刷	山东德州新华印务有限责任公司
开　　本	710 毫米×1000 毫米　1/16
印　　张	13.5　插页/2
字　　数	150 千字
版　　次	2014 年 6 月第 1 版
印　　次	2014 年 6 月第 1 次印刷
书　　号	ISBN 978 – 7 – 5329 – 4553 – 5
定　　价	30.00 元

版权专有,侵权必究。如有图书质量问题,请与出版社联系调换。